Schwächen der Betriebsführung – warum der Mittelstand täglich verliert

Die Ursachen vielfältiger Ressourcenverschwendung und die Hilflosigkeit des Managements

AF281661

Bernhard Stade

Schwächen der Betriebsführung – warum der Mittelstand täglich verliert

Das Buch:

Ob Neugründung oder seit Jahren erfolgreich am Markt, Mittelständler lassen viel Geld liegen. Rudimentäre und ungeeignete organisatorische Strukturen und Abläufe führen zu vielfältigen Fehlleistungen. Vielen ist die leichte Vermeidbarkeit dieser nicht unerheblichen Verschwendung nicht bewusst.

Abseits betriebswirtschaftlicher Theorien, und ungeachtet des unermüdlichen Stromes neuer Managementmethoden, vermittelt diese Publikation Verständnis für effiziente und qualitätsorientierte Grundstrukturen und zeigt einfache und schnell beschreitbare Wege ohne Ballast auf.

Der Autor:

Bernhard Stade ist Dipl.-Ing.(FH) für Produktionswirtschaft und Automatisierungstechnik sowie REFA-Ingenieur für Industrial Engineering. Er verfügt über langjährige und branchenübergreifende Erfahrungen in der industriellen Prozessentwicklung und Prozessoptimierung.

FSC
www.fsc.org
MIX
Papier aus ver-
antwortungsvollen
Quellen
Paper from
responsible sources
FSC® C105338

Bibliografische Information der Deutschen Nationalbibliothek: Die Deutsche Nationalbibliothek verzeichnet diese Publikation in der Deutschen Nationalbibliografie; detaillierte bibliografische Daten sind im Internet über dnb.dnb.de abrufbar.

Kontakt: sdbf@web.de

Herstellung und Verlag:
BoD – Books on Demand, Norderstedt

Lektorat & Korrektorat:
Diplom-Bibliothekarin Barbara Pause

Cover & Layout:
Bernhard Stade

ISBN: 9783757802103

Inhaltsverzeichnis

Haftungsausschluss:

1. Der Mittelstand – viele Bastelbuden

Die Firma *Vorzeige GmbH* startet ein neues Projekt:

Eine kleine elektrische Pumpe für den Einsatz in der Lebensmitteltechnik soll neu ins Produktionsprogramm aufgenommen werden. Ein Projektleiter wird benannt, der Projektplan und das Lastenheft erstellt, konstruktive Entwürfe werden vorgelegt und bewertet, und auf Basis geplanter Stückzahlen und unter Einbeziehung qualifizierter Lieferanten wird ein Logistikkonzept verabschiedet. Parallel dazu werden Fertigungs- und Montageprozesse geplant, Betriebsmittel und Vorrichtungen beschafft und die Arbeitdokumente verfasst. Aus den Erkenntnissen der Qualitätsvorausplanung entsteht der Prüfplan, und zuletzt wird das Personal geschult. Nachdem alle Freigaben vorliegen, startet die Produktion.

Auch die Firma *Kraut & Rüben GmbH* will ein vergleichbares Produkt auf den Markt bringen:

Da hier kein Projektleiter benannt wurde, beschafft der Konstrukteur in seiner Not eigenmächtig Musterteile bei einem Lieferanten seiner Wahl. Die Produktion erfährt kurz vor Produktionsbeginn von dem neuen Produkt. Außer freigeräumter Arbeitstische und Handwerkszeug gibt es keine Betriebsmittel. Arbeitsanweisungen und andere Arbeitsdokumente liegen nicht vor. Das eingesetzte Personal sieht das Produkt zum ersten Mal am Tag des Produktionsbeginns. Da kein Mengengerüst und kein Logistikkonzept erstellt wurden, gibt es ständig Terminüberschreitungen von Beschaffung bis Auslieferung. Und da keine systematische Qualitätssicherung betrieben wird, sind regelmäßiger Ärger mit Kunden und Lieferanten inklusive Rücklieferungen (mit Nacharbeit und Verschrottung) die Folge.

Betriebsalltag im Mittelstand: Oft wird eine Aufgabe von Anfang an nicht richtig angefasst. Man tut etwas, das man wohlwollend nur als eine Art Improvisation bezeichnen kann, und das Ergebnis ist kaum mehr als ausreichend. Dann sind beträchtliche Nachbesserungen erforderlich, wodurch der Gesamtaufwand das akzeptable Maß meist weit übersteigt. Reputationsschäden runden das Bild ab.

Aber nun kommt etwas Seltsames: Trotz der Offensichtlichkeit des ruinösen Charakters dieses Vorgehens wird es beibehalten und wiederholt. Wieder und wieder.

Also drängen sich Fragen auf:
Woran liegt es – im Bereich betrieblicher Prozesse – dass so viele Dinge so falsch angefasst werden? Und vor allem: Woran liegt es, warum an diesem ineffizienten Treiben endlos lange festgehalten wird?

Schätzungen zufolge werden in den Betrieben bis zu zwei Drittel aller Ressourcen für eindeutig nichtwertschöpfende Aktivitäten verpulvert. Sie dienen der Vorbeugung gegen oder der Beseitigung von Folgen organisatorischer Schwächen. Manchmal haben sie überhaupt keinen Bezug zur Wertschöpfung und erfüllen nur ihren Selbstzweck. Bei Vorliegen maximal effizienter Prozesse sind sie komplett überflüssig.

Durch die wohlbekannte, oft der Unerfahrenheit erwachsene und über lange Zeit auf allen Ebenen zementierten Betriebsblindheit wird dieser Zustand als unabänderliche Alltagsnormalität akzeptiert. Vordergründig präsentiert man sich als professioneller, souveräner Marktteilnehmer, intern kämpft man mit vielfältigen und meist auf organisatorischen Schwächen basierenden Problemen, arbeitet mit 120% Ressourceneinsatz oder mehr, für 75% Ausbringung oder weniger. Es werfe den ersten Stein, wer das nicht kennt.

Kein Entwickler käme auf die Idee, die technogischen Grundlagen für seine Arbeit von Grund auf neu zu schaffen. Ein Elektronikingenieur zum Beispiel greift bei der Produktentwicklung auf das Wissen aus seinem Studium, seine Berufserfahrung, sein Netzwerk, sowie auf umfangreiche Fachliteratur zurück und nutzt einschlägige Quellen und Lieferanten. Selbstverständlich wird das Rad nicht immer wieder neu erfunden. Kein Elektroniker käme z.B. auf die Idee, die Funktionen eines Mikrochips auf seiner Platine durch andere Bauelemente zu improvisieren, solange er einen geeigneten Chip im Bürklin-Katalog finden kann.

Doch anders beim Aufbau von Fertigung, Montage, Logistik, Vertrieb und anderer produktionsnaher Bereiche. Hier wird meist nur mit dem gesunden Menschenverstand zu Werke gegangen, ohne Rückgriff auf bewährte und standardisierte Prozesse. Letzteres würde eine entsprechende Ausbildung oder Erfahrungen auf dem Gebiet der Prozessplanung voraussetzen, welche i.d.R. in jungen Unternehmen (und in nicht wenigen reiferen) kaum oder gar nicht vorhanden sind. Das Resultat ist meist eine komplette und defizitäre prozessorganisatorische Eigenentwicklung, der man nach Jahren, mitunter nach Jahrzehnten, noch anmerkt, dass die Verantwortlichen *noch nie eine richtige Firma von innen gesehen haben.*

Zum Beispiel werden für die Wareneingangsprüfung eigene, oft wenig geeignete und unnötig aufwändige Prüfarten und -umfänge selbst definiert, anstatt vorhandene, *schlüsselfertige* Normen wie DIN ISO 2859 zu nutzen, welche zudem eine gemeinsame Sprache (und Rechtssicherheit) mit dem Lieferanten ermöglichen würden. Oder die Qualität von Produkt und Herstellprozess wird weitgehend dem Zufall überlassen, anstatt Qualitätsvorausplanungsinstrumente wie FMEA zu nutzen. Und so weiter, dazu später mehr.

(Über die Jahre bleibt das Investitionsgeschehen oft auf die Produktentwicklung fokussiert und bezieht die Entwicklung der Leistungsfähigkeit der Organisation eher halbherzig mit ein. Auch dazu später mehr.)

Falls ein ERP-System im Einsatz ist, werden seine Funktionen nur rudimentär genutzt. Qualität und Pflege der Stammdaten sind marginal und folgen nur den gerade aktuellen dringenden Erfordernissen. In dieser Publikation wird davon ausgegangen, dass ein ERP-System nicht vorhanden und lediglich Software wie Microsoft Office usw. vernetzt im Einsatz ist.

Das weitgehende Fehlen professioneller Strukturen wird oft mit vordergründig wohlklingenden Argumenten begründet:

- *Wir wollen unsere Flexibilität so lange wie möglich erhalten.*

- *Wir wollen diesen bürokratischen Ballast nicht.*

- *Solche Dinge kann sich der Mittelstand nicht leisten.*

- *Wir sind ein schlankes Unternehmen und wollen es auch bleiben.*

Und so weiter.

Solche Argumente dokumentieren Wissensdefizite und Unerfahrenheit:

Zum einen fehlen, wie bereits ausgeführt, fundierte Kenntnisse über industrieübliche Standards für eine professionelle Prozessorganisation. Das grundlegende, tägliche Handwerkszeug der effizienz- und qualitätsorientierten Betriebsführung wird nicht beherrscht.

Zum anderen werden die täglichen Widrigkeiten des Betriebsalltages – schlechte Dokumentation, logistische Planungsmängel, hohe Ausschussquoten, Reklamationen und Rücklieferungen, Nacharbeit bis hin zu inkompetenter Bastelei, und immer wieder Termin- und Kostenüberschreitungen, um nur einige wenige zu nennen – als unvermeidlich angesehen und zähneknirschend, mitunter sogar stoisch, hingenommen.

Und letztlich fehlen positive Erwartungen, nämlich dass die Einführung und Anwendung standardisierter Methoden überaus einfach sein kann (sofern sie, und das ist unabdingbar, sofern sie von der Geschäftsleitung hundertprozentig getragen werden), und dass die positiven Effekte den initialen Kraftakt praktisch sofort amortisieren. Eher herrschen skeptische und damit blockierende Erwartungen vor.

Irgendwann steht die Zertifizierung nach DIN EN ISO 9001 an. Oft werden Berater engagiert. Die Bedeutung der eigenen Mitarbeiter wird betont und die fortlaufende Verbesserung der Gesamtunternehmensleistung als neuer Standard verkündet. Vermutungen über die Kundenerwartungen werden angestellt, Prozesse definiert und Dokumente abgeschrieben oder selbst erstellt. Oft entsteht das Qualitätsmanagementhandbuch als Sammlung zusammenkopierter Standardregelungen, die den Anforderungen der Norm Rechnung tragen sollen. Dennoch steht in diesen Zeiten die Verbesserung der Organisation nicht im Vordergrund, sondern die Zertifizierung. Dabei ist erstaunlich, welch defizitäre Grundstrukturen zertifizierungsfähigen Unternehmensprozessen zugrunde liegen können. Nach der Zertifizierung wird oft genauso weitergearbeitet wie zuvor. Das Handbuch findet zwischen den Rezertifizierungen praktisch keine Beachtung, weil es niemanden interessiert – auch nicht den Chef – und das Handwerkszeug wird wieder nicht beherrscht. Die ISO 9001 verkommt damit zu einer Art Marketing-Gag.

Was also ist gemeint mit Basisfunktionen, Grundstrukturen, Grundfunktionen?

- *Die Herbeiführung und Aufrechterhaltung von Ordnungszuständen (z.B. die zielgerichtete Abhaltung von Besprechungen und die Protokollierung der Ergebnisse).*

- *Die strukturierte Bearbeitung von Aufgaben und Projekten mit klaren Zielen und Ergebnissen, einzeln oder durch mehrere Personen.*

- *Grundkenntnisse der betrieblichen Kostenrechnung.*

- *bewährte Methoden der Prozessoptimierung (z.B. systemtische Vermeidung von Verschwendung, Arbeitsplatzrationalisierung, kontinuierliche Verbesserung KVP usw.).*

- *Vorbeugende und nachbereitende Maßnahmen zur Vermeidung von Fehlern.*

- *Die optimale Nutzung des Potentials Mensch.*

Und so weiter.

Gemeint ist Basiswissen, das man für selbstverständlich halten könnte, es aber leider oft nicht ist. Das Ziel ist die Vermittlung von praktischer Handlungskompetenz auf Einstiegsebene, ein Crashkurs in Produktionswirtschaft. Dabei sollen die Themen und ihre Ausführlichkeit beschränkt bleiben auf das, was nach meiner Erfahrung den größten Einfluss auf die Verlustleistung im kleinen Mittelstand hat.

Mit hundert Prozent Aufwand kann man hundert Prozent der möglichen Ergebnisse erreichen. Zumindest theoretisch. Und mit null Prozent Aufwand erreicht man unbestritten gar nichts. Der Bereich dazwischen aber folgt nicht der Linearität. Das nach dem italienischen Ingenieur Vilfredo Pareto benannte Prinzip besagt, dass mit zwanzig Prozent des möglichen Aufwandes bereits achtzig Prozent der möglichen Ergebnisse erreicht werden können (siehe auch Kapitel *5. Optimierung – nichts zu verschenken*). Diesem Prinzip wird deshalb hier der Vorzug gegeben vor umfangreicher Theorie oder komplexen Managementmethoden. Diese Vorgehensweise mag manchmal *quick and dirty* anmuten und zu mancher Kritik Anlass geben, könnte aber für den kleineren Mittelstand ein akzeptabler, für manche Köpfe vielleicht der einzige Einstieg zu mehr Effizienz sein.

Um bösem Blut vorzubeugen, soll hier selbstverständlich eingeräumt werden, dass es viele gut geführte mittelständische Unternehmen gibt, die hohe Standards erreicht haben und erfolgreich danach arbeiten. Man darf sich fragen, worin die evolutionären Unterschiede bestehen, die zu den beschriebenen Abweichungen führen. Das nächste Kapitel soll Antworten liefern.

Auf den Punkt

- Effiziente Prozessorganisation im Mittelstand ist häufig kaum mehr als eine Illusion.

- Die Verbesserung von Qualität und Effizienz ist mit vergleichsweise wenig Aufwand möglich.

---

2. Leadership – das System duftet vom Kopf

Die Metapher lautet eigentlich anders. Vom Fisch und weniger schmeichelhaft. Jeder hat sie schon einmal gehört, aber kaum ein Chef zieht in Betracht, dass sie auf ihn zutreffen könnte.

Und im Klartext: Die Zustände im Unternehmen sind immer ein Abbild der Fähigkeiten und der Persönlichkeit des Chefs.

Nicht jeder, der zum Unternehmer wird, wird dadurch auch gleichzeitig zum genialen Manager. Unternehmer wird man oft schon, wenn man nur mit der richtigen Idee zum richtigen Zeitpunkt am richtigen Ort ist, und das ist oft reiner Zufall. Trotzdem halten sich manche nach den ersten Anfangserfolgen – in wachsenden Märkten kaum zu vermeiden – für herausragende Unternehmerpersönlichkeiten, denen der Nimbus eines perfekten Allrounders anzuhaften hat.

Welche Eigenschaften sollte der Chef, sollten Führungskräfte haben? Antworten auf diese Frage liefern alte und neue Managementmethoden in Hülle und Fülle. Hier nur einige Reflexionen dazu:

Führungskräfte sollten ehrliches Interesse an ihren Mitarbeitern haben. Wer das Eingehen auf die individuellen Motive und Motivationslagen der anvertrauten Menschen als lästige Pflicht betrachtet und bestenfalls oberflächlich handhabt, wird seinen Mitarbeitern keine Wertschätzung vermitteln. Wertschätzung und Achtsamkeit sind unstrittig die wichtigsten Grundlagen der Personalführung.

Erfolgreiche Führungskräfte schaffen eine angstfreie Kultur des Vertrauens, d.h., sie sind selbst stets authentisch und bringen ihren Mitarbeitern Vertrauen entgegen. Dazu gehören ein transparenter Informationsaustausch, die Einbeziehung in Entscheidungen, die Verantwortung für eigene Fehler und ehrliche Offenheit für Kritik.

Führungskräfte haben einen ganzheitlichen Überblick über die Prozesslandschaft des Unternehmens, über die Aufgaben ihrer Mitarbeiter und deren Vernetzung innerhalb und außerhalb ihres Bereiches. Sie verfügen über ausreichende Kenntnisse in anzuwendenden Methoden und Arbeitstechniken, ohne bei detailliertem Fachwissen in Konkurrenz zu ihren Mitarbeitern glauben treten zu müssen.

Führungskräfte sorgen im Team für klare Zielsetzungen und Entscheidungen sowie für die Entwicklung von Strategien, ebnen ihren Mitarbeitern die Wege und haben die Zielerreichung und die Einhaltung der Unternehmensprozesse im Fokus. Bei Problemen und Rückschlägen sorgen sie für Neuorientierung und die Ableitung von Lerneffekten. Sie motivieren, anstatt Schuldfragen zu stellen. Damit schließt sich der Bogen zur angstfreien Führungskultur.

Und letztlich lösen Führungskräfte Konflikte, treiben die kontinuierliche Verbesserung von Unternehmensprozessen voran, erkennen und entwickeln die Stärken ihrer Mitarbeiter und setzen sie zielgerichtet ein.

Jeder Unternehmer wünscht sich eine zukunftssichere Positionierung, gute Zahlen und zufriedene Mitarbeiter. Und als Voraussetzung dafür eine effektive, leistungsstarke Organisation, z.B. eine solide Finanzierung, hohe Qualifikations- und Weiterbildungsstandards, eine leistungsfähige Informationsinfrastruktur, ein angstfreies Betriebsklima, klare Führungsprinzipien und so vieles mehr. Aber in vielen Unternehmen sieht es anders aus. Verbesserungswürdige Zustände, wie sie im vorangegangenen Kapitel beschrieben wurden, dürften im kleineren Mittelstand eher die Regel als die Ausnahme sein.

Die Führung durch den Unternehmer muss sich in der Arbeitsweise der Mitarbeiter widerspiegeln. Voraussetzung dafür: Der Chef weiß, was er erwartet, und seine Mitarbeiter kennen diese Erwartungen, und zwar in Form einer begrenzten Anzahl vorgegebener standardisierter Arbeitsprozesse. Exemplarisch soll hier die FMEA erwähnt sein, die Fehlermöglichkeiten und -einflussanalyse, ein Instrument der Qualitätsvorausplanung für Produkt und Produktionsprozess, dazu später mehr.

Diese Arbeitsprozesse dienen der Erreichung hoher Qualitäts- und Effizienzstandards. Es sind Instrumente des Geschäftsführers, der sie in Bedeutung, Anwendung und

Nutzen hinreichend genau kennt, sie kommuniziert, trägt, fordert und fördert. Für einen effizienten Betrieb stellt der Chef aktiv die Weichen. Er befeuert die Dinge, indem er seinen Willen kundtut. Tut er das nicht, sind Chaos und ein schwaches Ergebnis das Resultat. Top-down ist hier zunächst gefragt. Denn: Was Chef nicht will, will Chefchen nimmermehr. Eine Organisation ohne aktive Leitfigur verfällt.

So banal es klingt, daran lässt sich ein Großteil der beklagenswerten Ineffizienz in mittelständischen Unternehmen festmachen: Die Unerfahrenheit des Chefs in effizienten Prozessen, und/oder seine Nichtfähigkeit, deren Anwendung zu kommunizieren und verbindlich einzufordern, können ein Unternehmen auf Dauer auf einem schwachen Effizienzniveau fixieren. Und die Mär von den schlechten Mitarbeitern allenthalben – oder den guten, die bekanntermaßen so schwer zu bekommen sind – ist als Schutzbehauptung ohnehin nur ein Artefakt aus der Frühzeit der Personalführung.

Wenn der Chef professionelles, methodisches Arbeiten für überflüssig hält, bleibt professionellen Mitarbeitern nur die unbefriedigende Möglichkeit, ihre Vorstellungen eben nur bei ihrer eigenen Arbeit umzusetzen. Die Interaktion mit dem vergleichsweise eher amateurhaften Rest des Unternehmens wird die meisten der eigenen Bemühungen zunichtemachen. Insbesondere Versuche, professionelle Abläufe in andere Bereiche zu vermitteln, sind vergeblich und können sich sogar als karriereschädlich erweisen. Da sein professioneller Anspruch weder vom Chef noch von den Kollegen angenommen wird, bleibt dem Profi nur, sich alsbald mit Wechselgedanken zu tragen oder sich mit dem herrschenden Professionalitätsniveau abzufinden. Das Ausmaß an Demotivation, welches sich aus einer solchen Situation heraus einstellen kann, ist enorm. Wie auch immer, das Niveau ist immer genau jenes, welches der Chef vorgibt.

Exkurs: Nach meiner Beobachtung gibt es über die Jahrzehnte eine tendenziell zunehmende Bereitschaft, oberflächliche und wenig gewissenhafte Arbeitsergebnisse auf niedrigem professionellem Niveau abzuliefern. Und gleichzeitig steigt offenbar auch die Bereitschaft, solche Arbeitsergebnisse zu akzeptieren.

Zu meiner Schulzeit hatte jeder Schüler eine Schultasche mit Büchern und Heften, einem Federmäppchen, Block, Bleistiftspitzer und anderen Dingen. Der heimische Jugendschreibtisch mit seinem Inhalt ergänzte die nötige Schülerausstattung. Der Zustand dieser Ausrüstung gab oft genug Anlass zu Beanstandungen durch Lehrer und Eltern und wurde mit mehr oder weniger Begeisterung instand gehalten.

Vor kurzem hatte ich Gelegenheit, mir ein Bild von der Ausstattung eines heutigen Schülers der Abschlussklasse einer Münchner Realschule zu machen. Über den Bestand und Verbleib seiner Schulbücher hatte er keinen Überblick. Hefte besaß er nicht, seine Aufzeichnungen befanden sich als erbärmliche Loseblattsammlung in einem Rucksack, welcher auch einen einzelnen Plastik-kugelschreiber mit Werbeaufdruck beherbergte. Sein Schreibtisch trug einen hochwertigen Gaming-PC, jedoch suchte man Ordner oder Schnellhefter vergeblich. Dementsprechend besaß er nicht einmal einen Locher. Recherchen ergaben, dass sich seine Ausstattung und auch seine Arbeitsauffassung nicht von denen seiner Mitschüler unterschieden. Druck von Lehrern oder Eltern bekam er nicht, Hausaufgaben wurden kaum kontrolliert. Die Pisa-Studie lässt grüßen.

Diese Jahrgänge drängen nun schon seit geraumen Jahren ins Arbeitsleben. Kann man sich fragen, ob es einen Zusammenhang gibt mit dem erwähnten Niveau der Arbeitsergebnisse? Der Rückbau von Gründlichkeit ist ein Selbstläufer, besonders, wenn er auf allen Ebenen gleichzeitig stattfindet. Ende des Exkurses.

Weiter mit Klartext: So manches Chefbüro beherbergt so manche Persönlichkeit mit ausgeprägter Überzeugung eigener Überlegenheit. Das Konzept lebenslangen Lernens nimmt sie für sich nicht in Anspruch. Im Bewusstsein seiner Beinahe-Perfektion widersetzt sich der Chef der Tatsache, dass seine Mitarbeiter auf ihren Gebieten fachlich qualifizierter und erfahrener als er selbst sein können, sogar sein müssen.

Selbst oft nur mit mäßigem Halbwissen ausgestattet, welches durch den opulenten Gebrauch von Fachausdrücken – gewildert in den Steinbrüchen arbeits- und betriebswirtschaftlicher Disziplinen – zu beeindruckendem *Expertenwissen* angereichert wird, präsentiert er sich als herausragender Problemlöser: Für ihn ist alles kinderleicht! Konzepte werden aus dem Ärmel geschüttelt, Widrigkeiten glattgeredet und schöngerechnet (oder einfach geleugnet, das sogenannte taktische Dummstellen). Die Einwandbehandlung erfolgt mittels virtuos gehandhabter, aber dennoch billiger Totschlägerargumentation. Die überrumpelten Mitarbeiter haben der genialen Darbietung nichts entgegenzusetzen. Die eigenen fundierten Erfahrungen? Hinweggefegt! Begründete Gegenargumente? Demente Gedankenleere! Widerspruch nicht möglich. Man steht dumm da.

Später kommt, was immer kommt: Man steht wieder vor den alten Problemen. Die Praxis lehrt: Es nützt nicht viel, nur ein Teilstück der Realität in einen oberflächlichen Fokus zu nehmen. Es gibt keine Abkürzungen in der Produktionswirtschaft. Deshalb ist ein Minimum an Fachwissen - und ein gegen null gehendes Selbstdarstellungsbedürfnis – unerlässlich. Der Mangel an solidem Fachwissen und breiter Erfahrung kann nicht durch egozentrische Selbstüberschätzung kompensiert werden. Es ist nicht schwer, einzusehen, wie sehr *recht haben* als oberste Priorität des Chefs den Unternehmenszielen im Wege steht.

Jene Mitarbeiter, welche durch derartige Selbstinszenierungen nicht so leicht aus der Fassung zu bringen sind, legen die Axt aufs Schmerzhafteste an den fragilen Selbstwert des Chefs – solange er sie lässt. Am Ende erwachsen daraus Führungs- oder besser, Selbstschutzstrategien, die für den Unternehmenserfolg das gleiche sind, wie die Eisenkugel an der Fußkette des Gefangenen. Instabiler Selbstwert und Überlegenheitsdünkel arbeiten eng zusammen beim Abwürgen mitarbeiterlicher Motivation, Kreativität und Produktivität. Am Ende bleibt dort nur der Dienst nach Vorschrift, wobei die Suche nach den Vorschriften (von Führungsprinzipien bis hin zu Prozessbeschreibungen) oft nichts Brauchbares zutage fördert. Damit ist dann das niedrigst mögliche Niveau erreicht.

Der amerikanische Star-Investor Warren Buffett hat den Begriff des *circle of competence* geprägt, des Kompetenzkreises. Fachgebiete, auf denen man wirklich kompetent ist, liegen innerhalb des Kreises, mit sich selbst im Mittelpunkt. Weniger oder gar nicht beherrschte Gebiete liegen außerhalb des Kreises. Wenn man innerhalb des Kompetenzkreises agiert – sei er noch so klein – wird man immer Erfolg haben. Buffett tätigte nur Investments, deren Inhalte er thematisch und substanziell verstehen konnte.

Verlässt man hingegen den Kreis, um sich auf abgelegenen Gebieten zu betätigen, werden die Resultate dies widerspiegeln. Ist man gezwungen, auf entfernteren Kompetenzgebieten tätig zu werden – z.B. als Unternehmer – kann man entweder den eigenen Kompetenz-

kreis erweitern – durch Aneignung von *fundiertem* Fachwissen – oder sich der Kompetenz Dritter bedienen.

Wer also akzeptieren kann, dass seine Fachkräfte ihm
auf ihren Gebieten überlegen sein dürfen – schließlich
werden nur die Besten eingestellt, nicht jene mit einem
Kompetenzniveau mehr oder weniger weit unter dem
eigenen, oder etwa doch? – kann ungestört zuhören,
lernen und entscheiden. Ungestört heißt, ohne die
weinerlichen Zwischenrufe seines bedrängten Egos.
Wem sein Selbstbild erlaubt, die eigene Perspektive zu
verlassen, um auf seine Berater zu hören, hat auf seiner
ganz persönlichen evolutionären Trittleiter einen besse-
ren Stand.

Auf den Punkt
- Der Chef hat einen echten professionellen Anspruch.
- Der Chef hat einen Werkzeugkasten mit Instrumenten der
  effizienten Betriebsführung.

Leadership
- Der Chef macht seine Erwartungen zum Standard.
- Der Chef nutzt unvoreingenommen das Potential seiner
  Mitarbeiter.

Ein Hinweis für Interessierte: Wer mehr über den psycho-
logischen Ursprung für skrupellose Führungsentschei-
dungen erfahren will, dem sei bei Google der Suchbegriff

Dunkle Triade nahegelegt. Unter diesem von zwei kanadischen Psychologen (Paulhus/Williams, 2002) geprägten Begriff sind die drei Persönlichkeitsstörungen Narzissmus, Psychopathie und Machiavellismus in ihrem intrapersonellen Zusammenspiel beschrieben. Dieses Konzept vermittelt erschreckende Einblicke in die psychischen Ursachen für menschen- und moralverachtendes Führungsverhalten in Politik und Wirtschaft.

3. Besprechung – keine Plauderstunde

Besprechungen sind teuer. Bei drei oder fünf qualifizierten Kollegen und entsprechenden Stundensätzen kann das schnell in die Hunderte gehen. Umso verwunderlicher, dass Besprechungen oft ohne greifbare Ergebnisse enden und Besprechungsergebnisse kaum oder gar nicht dokumentiert werden. Mühsam erarbeitete und in Zusammenhänge gebrachte Einzelinformationen und daraus abgeleitete Beschlüsse existieren nur in den Köpfen der Teilnehmer, oft in abweichenden Versionen, und gehen wieder verloren, ehe sie umgesetzt werden.

Manchmal erscheinen Teilnehmer mit den Händen in den Hosentaschen, ohne ihren Laptop/Tablet oder etwas zu schreiben dabei zu haben, sind unvorbereitet und haben nichts beizutragen, kommen zu spät oder gar nicht. Selbstdarsteller und Pedanten verbrauchen endlos Redezeit. Es gibt keine klare Vorstellung vom Thema, vom Ziel und den richtigen Teilnehmern, keine zielorientierte Moderation, keinen Zeitrahmen, keine Agenda, keine Gesprächsregeln, niemand erstellt ein Protokoll, keiner denkt sich etwas dabei, kurz, es gibt keine Besprechungskultur.

Einladung und Vorbereitung

Jeder Teilnehmer hat das Recht und die Pflicht, sich auf eine Besprechung vorzubereiten. Deshalb müssen mit der Einladung alle Informationen (Zeitrahmen, Ort, Agenda, sonstige Punkte und erwartete Ergebnisse) an die Teilnehmer gegeben werden. So viel Zeit muss sich der Initiator des Meetings nehmen. Alle Mitarbeiter werden durch die Geschäftsleitung ermutigt, die Teilnahme an Besprechungen, auf die ihnen eine Vorbereitung aus Zeitgründen oder mangelnden Informationen nicht möglich ist, mit dieser Begründung abzulehnen.

Ordnungsgemäß eingeladene Meetings werden als Pflichtveranstaltung aufgefasst. Der Zeitrahmen liegt stets innerhalb der Kernzeit. Absagen ohne Begründung und Fernbleiben ohne Absage werden nicht toleriert. Dies wird durch die Geschäftsleitung kommuniziert.

Besprechungsregeln werden als Aushang im Besprechungsraum kommuniziert. Diese sind:

- *Eingeladen wird stets rechtzeitig mit Zeitrahmen, Agenda und Ziel.*

- *Begründungen von Nichtteilnehmern werden protokolliert. Unentschuldigtes Fernbleiben ist inakzeptabel.*

- *Der Zeitrahmen wird stets eingehalten, bedarfsweise wird ein Zweittermin vereinbart.*

- *Kein gegenseitiges Unterbrechen im Gedankengang oder Satz.*

- *Stets eng am Thema bleiben.*

- *Das Meeting ist keine Bühne für Selbstdarsteller.*
- *Es werden Lösungen gesucht, keine Schuldigen. (Dennoch müssen Fragen nach den Ursachen gestellt und beantwortet werden.)*
- *Handys und Telefone bleiben konsequent draußen.*
- *Es wird stets ein standardisiertes Protokoll erstellt.*

Im Besprechungsraum ist ein PC mit Großmonitor oder Projektor mit Intranet und gängiger Software, sowie ein Flipchart verfügbar. Benutzte Flipchartblätter werden am Ende der Besprechung entfernt, neue werden ausreichend bereitgestellt.

Moderation

Nach der Begrüßung durch den Moderator, welcher i.d.R. auch der Einladende ist, wird das vorbereitete Protokoll mit der Agenda und den Teilnehmern sichtbar gemacht. Auf die Einhaltung des Zeitrahmens wird hingewiesen. (Überziehungen liegen oft an mangelnder Klarheit des Themas, inkonsequenter Moderation oder zu niedriger Besprechungsfrequenz.)

Danach wird das Thema nochmals deutlich dargestellt und das Ziel umrissen. Dazu werden die Fragen festgehalten, auf die in der Besprechung Antworten gefunden werden sollen.

Der Moderator ist bestrebt, die Ergebnisse nach folgendem Schema zu erarbeiten und zu dokumentieren:

- *Nächste Schritte*

- *Verantwortlichkeiten*

- *Zeitschienen der einzelnen Punkte*

In den letzten fünf bis zehn Minuten der Besprechung gibt der Moderator eine Zusammenfassung der Ergebnisse unter Zuhilfenahme des Protokolls, in das während der Besprechung die Teil-/Ergebnisse bereits eingetragen werden.

In den letzten zwei Minuten bittet der Moderator um ein kurzes Feedback der Teilnehmer in einem Satz:

- *Besprechungsziel von Anfang an klar?*

- *Sinn der eigenen Teilnahme nachvollziehbar?*

- *Ergebnisse zufriedenstellend?*

Besprechungsprotokoll

Das Protokoll ist die Verkörperung der Arbeitsergebnisse der Besprechung. Es wurde vom Einladenden bereits vorbereitet und die Kopfdaten eingetragen:

- Thema/Agenda
- Ort, Datum, Dauer, Teilnehmer

Während der Besprechung werden durch den Protokollführer (der Einladende oder ein Delegierter) die Arbeitsergebnisse in folgender Weise im Protokoll dokumentiert:

- *Besprechungspunkte*
- *Beschlossene nächste Schritte*
- *Zugeordneter Verantwortlicher*
- *Enddatum der Umsetzung*
- *Erfüllungsgrad*

Das Protokoll (z.B. mit Excel leicht zu realisieren, Querformat empfehlenswert) sieht z.B. folgendermaßen aus:

Besprechungsprotokoll				Jan2022BGS

Thema:	Aufbau des Fuhrparks			
Ort:	Besprechungsraum 1	**Terminserie:**	2. Termin	
Datum:	01.12.2099	**Nächster:**	24.12.2099	
Dauer:	09:00 - 10:00	**Ablage:**	m:\Fuhrpark\Meeting\	
Einladender:	Hr. Müller	**Protokollführer:**	Fr. Meier	
Teilnehmer:	Hr. Müller, Hr. Huber, Fr. Meier			
Abwesend:	Hr. Berger (krank)			
Verteiler:	alle Teilnehmer, Hr. Berger, Chef			

	TOP	aktueller Stand/nächster Schritt	verantwortlich	fertig bis	akt. Erfüllungsgrad
1	drei verschiedene Kfz vergleichen	Prospekte besorgen, Vorauswahl treffen	Hr. Huber	14.12.2099	■■■☐☐
2	drei verschiedene Kfz vergleichen	Angebote einholen, Übersicht erstellen	Fr. Meier	23.12.2099	■☐☐☐☐
3	drei verschiedene Kfz vergleichen	Übersicht vorstellen am 24.12.2099	Hr. Huber	24.12.2099	☐☐☐☐☐
4					☐☐☐☐☐

Neue TOP können durch Einfügen neuer Zeilen hinzu-gefügt, sowie der Fortschritt einzelner Punkte bei Folge-meetings über den Erfüllungsgrad überwacht werden.

Nützlich: Durch Verwendung der Kommentarfunktion in Excel können beliebige Informationen, z.B. alte Stände und vorangegangene Beschlüsse, in die Kommentarfelder der Zellen kopiert werden.

Die Protokollvorlage wird für alle zugänglich auf dem Server abgelegt. Die Benutzung ist bindend.

Der Protokollführer archiviert das Besprechungsprotokoll thematisch und sendet es allen Teilnehmern per E-Mail zu. Der Chef sollte gelegentliches Interesse an den Protokollen zeigen und sich ggf. auf den Verteiler setzen lassen.

Wenn bei spontanen Zusammenkünften Ergebnisse generiert werden, das Treffen aber nicht in das Format einer offiziellen Besprechung gebracht werden soll, können die Beschlüsse oder Ergebnisse per E-Mail nach dem Schema des Besprechungsprotokolls zusammengefasst und an die Teilnehmer und andere Betroffene verschickt werden. Die Teilnehmer legen den Protokollanten selbstständig fest. Diese Vorgehensweise ist bindend.

Unnötige und verzettelte Besprechungen

Meetings finden statt, um Menschen zusammenzubringen. Was wäre, wenn die Mitarbeiter, die sich regelmäßig in Meetings treffen, weil sie regelmäßig Bedarf an Informationsaustausch haben, ihre gesamte Arbeitszeit zusammen an Schreibtischinseln verbringen würden?

Zum Beispiel können Arbeitsvorbereiter, Einkäufer und Fertigungsgruppenleiter sich dann gegenseitig stets und ständig auf einem aktuellen Informationsstand halten und Klärungen ohne jeden Zeitverlust herbeiführen. Außerdem werden dadurch der soziale Zusammenhalt, die Teambildung und die Kreativität enorm gefördert. Dies setzt mitunter eine Änderung des Bürolayouts inkl. bauliche Maßnahmen voraus, was sich aber fast immer auszahlt. Außerdem bedeutet dies zudem einen ersten Schritt weg vom Abteilungsdenken – hier wird einer der typischen Nachteile deutlich – hin zu einer prozessorientierten Arbeitsweise (siehe Kapitel *5. Optimierung – nichts zu verschenken*).

Mitunter wird in Besprechungen, die eigentlich der regelmäßigen Statusabfrage, der Klärung von Korrekturbedarf usw. dienen, auf organisatorische oder technische Detailklärungen eingegangen. Diese Zweckentfremdung verlängert die Besprechung unnötig, wesentliche Inhalte können aus dem Blick geraten und die Ergebnisse der *Detailklärungen* werden nicht zielgerichtet dokumentiert. Hierfür sollten gegebenenfalls eigene Termine einberufen werden.

Auf den Punkt

- Alle Teilnehmer bereiten sich auf die Besprechung vor.
- Besprechungsergebnisse werden mittels eines standardisierten Protokolls dokumentiert.

Leadership

- Besprechungsregeln werden durch den Chef verbindlich festgelegt.
- Der Chef macht seine Erwartungen zum Standard.

4. Kleinprojekte – wer den Hut auf hat

Kopfloses Änderungsprojekt – teuer bezahlt

Das Produkt, der erste in Deutschland gefertigte Beamer, war zwei Jahren zuvor auf den Markt gebracht worden. Seitdem zeigten sich Schwächen:

- Das Gehäuse stammte noch aus einem Rapid-Tooling-Werkzeug, dessen Maßhaltigkeit nun aus der Toleranz fiel.

- Die Elektronik für die Stromversorgung der UHP-Lampe hatte im Feld eine sehr hohe Ausfallrate.

- Die Bildqualität, insbesondere Farbsättigung und Kontrast, sollte durch eine überarbeitete LCD-Elektronik verbessert werden.

Der externe Kunststofffertiger war direkt durch die Geschäftsleitung mit der Entwicklung einer neuen Spritzgussform für das Gehäuse beauftragt worden. Der Elektronikentwickler stand mit dem ebenfalls externen Elektronikfertiger in informellem Austausch.

Intern war das Änderungsprojekt nicht offiziell kommuniziert, ein verbindlicher Endtermin für die Umstellung nicht festgelegt worden. Einkauf, Produktion und Vertrieb waren nicht involviert. Abstimmungen gab es nur gelegentlich und eher zufällig.

Die Vorgehensweise der beteiligten Mitarbeiter führte zu einer mehrmonatigen Lieferunfähigkeit mit hohem Umsatzausfall im Jahresendgeschäft, weiteren Kosten und einem nicht zu beziffernden Reputationsschaden.

In der Retrospektive ließ sich eine lange Reihe von Fehlleistungen identifizieren:

- *Der Freigabestatus der neuen Elektronik wurde bis zuletzt nur unklar kommuniziert.*

- *Die vom Elektronikentwickler beim Dienstleister angefragten Preise und Lieferzeiten wurden intern nicht weitergegeben. Fertigung und Einkauf waren beim Erhalt von Informationen auf den Zufall angewiesen.*

- *Bis zuletzt wurde kein neuer Rahmenvertrag mit dem Elektronikdienstleister abgeschlossen. Dadurch wurde der Beschaffungsprozess für neue Elektronikkomponenten nicht rechtzeitig angestoßen. Die durch ein Erdbeben in Japan ausgelösten Lieferengpässe bei Elektronikbauteilen waren in allen Medien, doch auch darauf reagierte man nicht.*

- *Zu früh wurde durch die Geschäftsleitung festgelegt, dass die Beschaffung der Elektronik nach altem Design eingestellt wird. Den alten Rahmenvertrag ließ man auslaufen. Dadurch wurden auch keine herkömmlichen Komponenten durch den Elektronikdienstleister mehr beschafft.*

- *Als unübersehbar wurde, dass kein zeitlicher Spielraum mehr bestand, war trotz unklarer Freigabe die*

Beschaffung der Elektronik nach dem neuen Design angestoßen worden. Erst nach Abschluss des neuen Rahmenvertrages offenbarte sich das Ausmaß der katastrophal langen Lieferunfähigkeit.

- Die Änderung der Elektronik zur Verbesserung der Stromversorgung erforderte den Einsatz einer anderen UHP-Lampe. Die alte Lampe war kurz zuvor vom Einkauf in üblicher Wiederbeschaffungsmenge nachbeschafft worden. Ein Großteil davon konnte nicht mehr abfließen.

- Für das neue Gehäuse waren mehrere Zeichnungsänderungen erforderlich. Als um mehrere Monate zu spät endlich ein freigabefähiger Zeichnungsstand vorlag, zog der Vertriebsleiter den Vorgang aus unbekannten Gründen an sich und verzögerte ihn um weitere zwei Monate. Zuletzt löste er selbst die Bestellung aus, und zwar nach einem falschen Zeichnungsstand, was nur durch Zufall Wochen später dem Einkäufer auffiel. Weitere Verzögerungen entstanden.

- Durch die überstürzte Serieneinführung ohne abschließende Tests an der Serienelektronik kam es zu mehreren Produktionsstops mit aufwändigen Nacharbeiten.

Diese Aufstellung ist nicht abschließend.

Die Ursachen

Für das beschriebene Änderungsprojekt gab es nie jemanden, der den Hut auf hatte, keinen Projektleiter, der die Fäden in der Hand und das Termin- und Kostenziel vor Augen gehabt hätte. Die beteiligten Kollegen aus unterschiedlichen Fachabteilungen waren unabhängig voneinander nach eigenem Ermessen aktiv und sprachen sich nur unzureichend, zu selten und in vielen Aspekten gar nicht ab. Zu oft wartete einer auf den anderen. Und bei der Einmischung des Vertriebsleiters handelte es sich um eine kontraproduktive Kompetenzüberschreitung, die von der Geschäftsleitung ignoriert oder toleriert wurde.

Außerdem gab es eine Reihe weiterer prozessorganisatorischer Schwächen. Zum Beispiel darf zur Beschaffung ein nicht freigegebener Zeichnungsstand gar nicht verwendet werden können. Ein auslaufendes Bauteil (UHP-Lampe) muss für die Wiederbeschaffung gesperrt sein. Und so weiter.

Oft wird es vom Chef für überflüssig gehalten, für vermeintlich kleinere Aufgaben einen Hutträger zu bestimmen. Wenn aber mehrere Stellen auf unterschiedlichen Wegen auf ein gemeinsames Ziel hinarbeiten, wird im Grunde schnell klar: ohne Koordinator kein koordiniertes Vorgehen. Wer den Begriff *Projektleiter* angesichts des vermeintlich geringen Umfanges so mancher zu koordinierenden Aufgabe scheut, kann mit *Koordinator* vorliebnehmen.

Der Projektleiter

Bereits zu Beginn des Änderungsprojektes hätte die Geschäftsleitung einen Projektleiter bestimmen müssen. Diese Funktion hätte ein Mitarbeiter aus einer der beteiligten Fachabteilungen übernehmen können. Der Zeitbedarf für eine solche Funktion hängt vom Umfang des Projektes ab und hätte sich im Beispiel bei wenigen Stunden pro Woche bewegt.

Der Projektleiter hat gegenüber den seinem Projekt zugeordneten Teammitgliedern Weisungsbefugnis, soweit dies zur Projektbearbeitung erforderlich ist. In regelmäßigen, meist wöchentlichen Besprechungen erstellt er mit seinem Team den Projektplan, delegiert und steuert Einzelaufgaben und überwacht die Einhaltung des Terminplanes.

Der Projektplan

Folgende Fragen müssen zu Beginn geklärt und die Antworten in den Projektplan aufgenommen werden:

- *Inhalt, Umfang, Abgrenzung des Projektes?*

- *Ziel und erwartetes Ergebnis?*
- *Geplanter/erforderlicher Startzeitpunkt?*
- *Kontrollpunkte/Meilensteine?*
- *Geplanter/festgelegter Endtermin?*
- *Erfolgsmessung/Ziel erreicht?*
- *Kostenrahmen/Budget?*
- *Sonstige verfügbare Ressourcen?*
- *Teamzusammensetzung?*

Bei der Zusammenstellung des Teams wird Folgendes berücksichtigt:

- *Erforderliche Funktionen (z.B. Entwicklung, Produktmanager, Einkauf, Fertigung)*
- *Erforderliche Kapazitäten der einzelnen Funktionen (ggf. durch Definition der Einzelaufgaben)*
- *verfügbare Mitarbeiterkapazitäten, Abgleich mit anderen Aufgaben*

Zeitplan

Zur Visualisierung der Aufgaben und des zeitlichen Projektablaufs wird ein Zeitplan nach folgendem Schema erstellt (z.B. mit Excel leicht zu realisieren):

Projektzeitplan																														Jan2022BGS
Projekt:							**Beispielprojekt**																							
1								Teilaufgabe 1																						
2								Teilaufgabe 2																						
3										Teilaufgabe 3																			
4												Teilaufgabe 4																	
5																														
KW	07	08	09	10	11	12	13	14	15	16	17	18	19	20	21	22	23	24	25	26	27	28	29	30	31	32	33	34	35	36

Projektprotokoll

Das in Excel erstellte Besprechungsprotokoll aus dem vorangehenden Kapitel findet hier in angepasster Form Verwendung:

Projektprotokoll			Jan2022BGS

Thema:	Projektor 1. Redesign		
Ort:	Besprechungsraum 1	Terminserie:	wöchentlich
Datum:	01.12.2099	Nächster:	08.12.2099
Dauer:	09:00 - 10:00	Ablage:	m:\Projektor\Meeting\
Einladender:	Hr. Müller	Protokollführer:	Fr. Meier
Teilnehmer:	Hr. Müller, Hr. Huber, Fr. Meier		
Abwesend:	Hr. Berger (krank)		
Verteiler:	alle Teilnehmer, Hr. Berger, Chef		

	Teilaufgabe	aktueller Stand/nächster Schritt	verantwortlich	fertig bis	akt. Erfüllungsgrad
1	neues Elektronik-design	Freigabetests laufen, Probleme beim Netzteil (Oberwellen), neuen Spannungsregler bestellen und testen.	Hr. Huber	14.12.2099	■■■☐☐
2	neuer Rahmen-vertrag	Preise angefragt, Angebot liegt vor, neue Stückzahlstaffelung ausarbeiten.	Fr. Meier	21.12.2099	■☐☐☐☐
3					

In der Spalte *aktueller Stand/nächster Schritt* werden die jeweils aktuellen Beschlüsse und daraus resultierende Aktivitäten eingetragen. Vorangehende Schritte werden in die Kommentarfunktion der jeweiligen Zelle kopiert. Dort werden auch alle anderen relevanten Informationen hinterlegt, die den Datenzusammenhalt und den Projektfortschritt dokumentieren und gewährleisten. (Die Kommentare werden von Excel standardmäßig nicht ausgedruckt, lassen sich aber unter Verwendung der entsprechenden Funktion, die je nach Excel-Version leicht unterschiedlich ist, mit ausdrucken.)

Die beiden Dokumente *Zeitplan* und *Projektbesprechung* werden in einem einzigen Excel-Tabellenblatt (unterschiedliche Reiter) zu einem Projektdokument zusammengefasst.

Nach jeder Projektbesprechung wird die aktualisierte Fassung des Projektdokuments unter einem neuen Index abgespeichert. Damit bleiben alte Bearbeitungsstände abrufbar.

Anhand obigen Beispiels kann man sich leicht klarmachen, wie durch einen regelmäßigen und strukturierten Austausch von Informationen und eine engmaschige Koordination das Änderungsprojekt anders hätte laufen können. Die eine Hälfte des Versäumnisses der Geschäftsleitung bestand im Verzicht auf die Einsetzung eines Hutträgers, der außer dem Hut auch die Verantwortung für Termine und Kosten gehabt hätte. Die andere Hälfte hätte vermutlich darin bestanden, den verbindlichen Charakter dieser Arbeitsweise nicht ausreichend zu kommunizieren.

Für den tieferen Einstieg ins Projektmanagement gibt es selbstverständlich eine Fülle von Projektmanagement-Tools mit großem Funktionsumfang, teilweise auch als Freeware.

5. Optimierung – nichts zu verschenken

Prozesse sind zweckmäßige Abfolgen von Einzelabläufen zur Erreichung definierter Ergebnisse im Unternehmen. Sie haben einen definierten Anfang, ein definiertes Ende und laufen nach festgeschriebenen Regeln ab. Man unterscheidet nach Kern-, Unterstützungs- und strategischen Prozessen. Hier werden Kernprozesse betrachtet. Idealerweise werden Prozesse nicht durch Abteilungsgrenzen unterbrochen. Die Optimierung von Prozessen dient der Steigerung von Effizienz und Qualität sowie der Minimierung der eingesetzten Ressourcen.

Der Einstieg in die Betriebsorganisation führt meist über das Funktionsdenken. Jeder glaubt zu wissen, dass Produktionsbetriebe aus Abteilungen bestehen, wie Konstruktion, Einkauf, Disposition, Arbeitsvorbereitung, Fertigung, Montage, Qualitätsprüfung oder Versand. Diese Bereiche stellen abteilungsspezifische Funktionen zur Verfügung, die durch sinnvolle serielle oder parallele Abarbeitung den Gesamtprozess zur Herstellung eines Produktes darstellen. Voraussetzung ist, dass die Grenzen zwischen den Funktionen oder Abteilungen aufgelöst und die Funktionen prozessorientiert verkettet und vernetzt werden. Ansonsten betrachtet man keine Prozesse, sondern nur eine Aneinanderreihung von Funktionen.

In den Unternehmen existiert eine starke funktions- und hierarchisch orientierte Organisationsstruktur einerseits, andererseits eine nach durchgängigen Prozessen lechzende, aber machtlose Ablaufstruktur andererseits, die zwar die eigentlichen Unternehmensprozesse darstellt oder darstellen soll, für deren Gesamtverantwortung aber keine Festlegungen getroffen sind. Unmittelbar daraus ergeben sich vielfältige Nachteile.

Ein Beispiel: Die Montageabteilung arbeitet einen Auftrag über fünfhundert Membranpumpen für die Lebensmittelindustrie ab. Das fertige Los wird anschließend auf Transporttischen in den Arbeitsbereich des Prüffeldes gerollt und dort abgestellt. Die anschließende Prüfung dort ergibt eine außerhalb der Toleranz befindliche Förderleistung. Das Los wird zurückgewiesen und in der Montageabteilung analysiert. Dabei stellt sich heraus, dass Membranen aus einem falschen Material verwendet wurden. Das komplette Los muss zerlegt und mit der richtigen Membran neu aufgebaut werden. Die gewählte Organisationsform hat versagt.

Eine andere Organisationsform kann folgendermaßen aussehen: Die Montagelinie beinhaltet neben den Montageplätzen auch integrierte Prüfplätze. Die Serienprüfung beginnt bereits mit der ersten fertig werdenden Pumpe. Auf diese Weise lassen sich alle Fehler frühestmöglich erkennen. Die Funktionsgrenze zwischen Montage und Prüfung gibt es nicht, ebenso, wie es keine Unterscheidung in zwei getrennte Abteilungen gibt.

Die grundsätzliche Zuwendung zur Prozessorientierung ist ein Vorgang, der Zeit braucht, weil am Anfang der Prozess der Erkenntnis des Chefs steht. Am Ende soll Prozessverantwortung als alleiniges Führungsprinzip etabliert sein. Die Abkehr von der althergebrachten hierarchischen Denkweise und die Zuwendung zum Denken und Handeln in Prozessen erfordert Änderungsbereitschaft beim Personal und löst Ängste und Abwehrhaltung aus. Der Chef sorgt also in angstfreier Atmosphäre dafür, dass alle Kollegen ihren Platz im neuen prozessorientierten Organisationskonstrukt finden können.

Die Umstrukturierung der zwei beispielhaften Bereiche kann z.b. im Rahmen eines 5-S-Workshops (siehe Kapitel 6. *5-S-Methode – Ordnung muss sein*), der von der Geschäftsleitung angestoßen wird, von den Mitarbeitern der beiden Abteilungen selbst geplant und umgesetzt werden, wofür ein Entscheidungsspielraum und ein finanzieller Handlungsrahmen zur Verfügung gestellt wird.

Hand aufs Herz: Wann wird im Mittelstand gezielt ein Verbesserungsprojekt angestoßen? Systematisch beim Auftreten von Abweichungen? Oder kontinuierlich durch regelmäßiges Infragestellen des Status quo?

Weder noch. Die Antwort ist leider häufig eine andere:

- *Wenn der Leidensdruck, der durch ein Problem entsteht, so gravierend wird, dass akuter Handlungsbedarf nicht länger dementiert werden kann. Oder:*

- *Wenn man das Ergebnis unmittelbar zu Geld machen kann.*

Eine Studie an der Universität Innsbruck zeigte, dass die erfolgreichsten Unternehmen die ständige, systematische Verbesserung der Effizienz bestehender Geschäftsprozesse höher bewerten als eine vergleichsweise hohe Innovationsstärke. (C. Stadler, *Die vier Prinzipien für dauerhaften Erfolg*, Harvard Business Manager, Oktober 2007). Wer dies nicht glauben mag, kann sich zumindest um die Einsicht bemühen, dass das Fehlen eines gelebten, systematischen Verbesserungsmanagements nicht zu den leicht verzeihlichen Versäumnissen des Managers gehört. Möglichkeiten der kontinuierlichen, täglichen Prozessverbesserung zu ignorieren heißt, auf Langzeitperspektiven zu verzichten.

Kontinuierliche Verbesserung der Produktivität bedeutet auch, die kontinuierliche Steigerung der Lohnkosten kompensieren zu können – zumindest teilweise. Oder umgekehrt: Ohne kontinuierliche Verbesserung der Organisation gehen unvermeidliche Kostensteigerungen zu Lasten der Margen – falls es denn welche gibt. Und es ist schwierig, der Belegschaft den homöopathischen Charakter von Lohnanpassungen zu erklären, wenn bei bekannten und erkennbaren Missständen bei Effizienz und Qualität – also bei erkennbarer Verschwendung – keine Fortschritte angestrebt werden.

Die Einsicht zu fördern, warum ein stetes und gezieltes Verbessern der Organisation auf allen Ebenen und in allen Prozessen, unabhängig vom Auftreten akuter Probleme, zu den wichtigsten Grundlagen einer langfristigen Wettbewerbsstrategie zählt, kann nicht Ziel dieser Publikation sein. Ein *richtiger* Manager wird sich die Frage nach dem *Warum* ohnehin nicht stellen, sondern nur jene nach dem *Wie*.

Kaizen und PDCA – zusammen stark

Eine optimierungsorientierte Organisation sollte das Maß der Dinge sein – soviel haben wir verstanden. Und Bescheidenheit und Realität raten zu der Einsicht, dass der Weg zum Idealzustand unendlich lang ist. Daran kann man sich klarmachen, dass ein einzelner Optimierungsschritt, so weit er auch führen mag, nicht der letzte, der einzige sein kann.

Kaizen ist eine japanische Philosophie der unendlich vielen kleinen Schritte, welche uns dem Ziel so nahe wie möglich bringen können. Kaizen strebt, in einem Satz zusammengefasst, fortschreitende Verbesserung durch ständiges Infragestellen des Status quo an, in kleinen, unablässigen Schritten, auf allen Ebenen, durch alle Mitarbeiter und Führungskräfte, mit dem – nie ganz erreichbaren – Ziel der Perfektion, zum Nutzen des Kunden. Schwerpunkte liegen u.a. auf Standardisierung und Prozessorientierung.

Keine Top-Down-Anweisungen, sondern hochmotivierte, eigenverantwortlich und selbstbestimmt arbeitende Teams, transparenter Informationsfluss über alle Ebenen, akzeptierte Teamentscheidungen, und der Umstand, dass viele der Veränderungen keinen unmittelbar bezifferbaren Ratioeffekt haben, erfordern eine positive, innovative Haltung und einen offenen Führungsstil, deren Verinnerlichung viele westliche Manager überfordert.

Der PDCA-Zyklus (**P**lan – **D**o – **C**heck – **A**ct), auch Shewhart-Zyklus oder Demingkreis genannt, ist nun eine Arbeitstechnik, mit deren Hilfe man Kaizen organisieren kann. Zentrales Element ist immer wieder die Bereitschaft, das gestern Gültige heute infrage zu stellen, Verbesserungen zu planen und umzusetzen, das Erreichte zu überprüfen und Standards abzuleiten, und morgen den Zyklus aufs Neue zu durchlaufen. Nicht ohne Anfang, aber ohne Ende. Immer wieder. Die Frage muss also lauten: Was kann man ab heute besser machen als bisher? Dabei ist es unerheblich, ob dieser Prozess oder Standard gestern erst verbessert wurde.

Akute Divergenzen bei Prozessen, die zur schnellen Abhilfe gemahnen (operative Themen), sind nicht alleinige Treiber dieses Vorgehens. Vielmehr sorgt eine vom Management etablierte und aktiv am Leben erhaltene evolutionäre Unternehmenskultur dafür, dass Prozesse auf allen konzeptionellen (und allen organisatorischen) Ebenen, unter Zuhilfenahme neuer betrieblicher Erfahrungen, regelmäßig hinterfragt und regelmäßig auf den besten möglichen Stand gebracht werden. Eher fundamental, nicht nur operativ. Unternehmensweit, wenn möglich. Und morgen wieder aufs Neue.

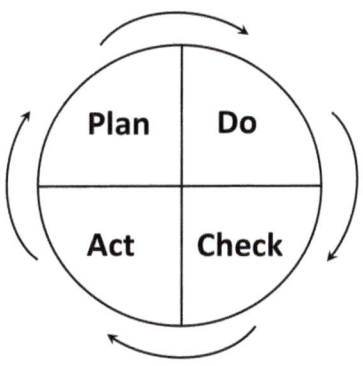

Beispiel:

Plan:

Bei der Umrüstung auf andere Produktgruppen des Unternehmens geht an allen Arbeitsplätzen regelmäßig viel Zeit verloren. Die Rüstzeit soll durch arbeitsgestalterische Maßnahmen reduziert werden. Zuerst wird die Ist-Situation analysiert: Mitarbeiter beschreiben den Umrüstvorgang als überwiegend vom Suchen nach Material und Werkzeug gekennzeichnet, welches seit dem letzten Produktionszyklus des Produktes teilweise für andere Produkte oder Produktgruppen verwendet wurde und nicht mehr sofort auffindbar ist. Die Arbeitnehmer entwickeln zusammen mit ihrem Teamleiter nun ein Konzept, bei dem sowohl Material als auch Werkzeug in produktspezifischer Zusammenstellung nicht mehr getrennt und unter Verschluss aufbewahrt wird.

Do:

Um das Konzept zu konkretisieren, werden bei einem Anbieter von Werkstattausstattung zwei Materialbereitstellungsregale mit Lagersichtkästen für zwei Produktgruppen (also eines für vor und eines für nach der Umrüstung) sowie redundantes Werkzeug bestellt und an einem einzelnen Arbeitsplatz durch die Mitarbeiter getestet. Dabei zeigt sich, dass für die Bereitstellung des Werkzeuges größere Sichtkästen erforderlich sind. Außerdem sollen Arbeitsanweisungen ebenfalls an den Systemen befestigt werden, wofür Klarsichthüllen zum Umblättern vorzusehen sind. Der Lagerbereich zur Aufbewahrung der Bereitstellungsregale wird mit einem Schloss versehen.

Check:

Die Tauglichkeit des Konzeptes wird getestet und seine Umsetzung an jenem ersten Arbeitsplatz beurteilt und dokumentiert. Dann kann die allgemeine Freigabe zur Umsetzung an allen anderen Arbeitsplätzen erteilt werden.

Act:

Das neue Umrüstungskonzept wird an allen Arbeitsplätzen eingeführt und unternehmensweit zum Standard erhoben. Dazu wird eine Werksnorm erstellt und diese im Managementhandbuch verankert. Die Überprüfung der Einhaltung der neuen Norm erfolgt regelmäßig im Rahmen von Audits.

Um diesen neuen Standard nun weiter zu optimieren, wird der Zyklus mit **Plan** erneut gestartet.

Der PDCA-Zyklus zielt zum einen darauf ab, eine – an einer konkreten Aufgabenstellung erarbeiteten – Optimierung unternehmensweit nutzbar zu machen, und zu diesem Zweck Standards zu schaffen. Zum anderen erreicht der Zyklus nach einem Durchlauf wieder seinen eigenen Anfang, um eine stetige Weiterentwicklung der Standards sicherzustellen.

Kontinuierlicher Verbesserungsprozess KVP

Oft wird der westlich geprägte Begriff des *kontinuierlichen Verbesserungsprozesses KVP* mit dem japanischen *Kaizen* gleichgesetzt. *KVP* jedoch zielt unmittelbarer und kurzfristiger, oft durch die Einsetzung von Workshops, auf die Steigerung der Qualität und die Reduzierung von Kosten ab. Die Implementierung eines *KVP* ist obligatorische Voraussetzung für eine Zertifizierung nach ISO 9001.

Betriebliches Vorschlagswesen BVW

Mitarbeiter sind die besten Spezialisten für die eigenen Arbeitsplätze und deren Arbeitsprozesse. Auch auf Gebieten wie Arbeitssicherheit, Ressourcenmanagement, Umweltschutz, oder in anderen Unternehmensbereichen, wie Verwaltung oder Beschaffung, können sie wertvolle Ideen beitragen. Es gibt keine Beschränkungen. Um Mitarbeiterwissen und -ideen aufzugreifen und zu nutzen, betreiben viele Arbeitgeber ein *betriebliches Vorschlagswesen BVW*.

BVW bedeutet:

- *Einreichen der Mitarbeitervorschläge mittels Formblatt und (elektronischer) Briefkästen.*

- *Mehrstufiges Honorieren eingereichter Vorschläge.*

- *Die Umsetzung angenommener Vorschläge kann der Einreicher selbst übernehmen oder daran mitarbeiten.*

- *Weiterentwicklung von Vorschlägen durch Workshops oder Wettbewerbe.*

Ein betriebliches Vorschlagswesen über einen längeren Zeitraum am Leben zu erhalten, stellt meist eine größere Herausforderung dar, als die Einführung zu Beginn. Das Problem ist nicht, Vorschläge zu erhalten, sondern sie *regelmäßig und zeitnah* zu bewerten und zügig umzusetzen. Verzögerungen sind jederzeit ein schneller Tod des Vorschlagswesens. Und eine zweite Chance für eine Wiederbelebung oder erneute Einführung gibt es nicht.

Jeder eingereichte Vorschlag wird von einem zu definierenden Ausschuss daraufhin überprüft, ob er den Kriterien für das Vorschlagswesen entspricht. Einreichungen, die selbst bei wohlwollendster Betrachtung keine Chance auf eine Umsetzung haben, z.B. eher dem Zweck dienen, die Anerkennungsprämie zu erhalten, werden mit einer entsprechenden Erklärung zurückgegeben. Alle übrigen Einreichungen werden mit der Anerkennungsprämie (z.B. ein Gutschein für die Kantine oder ein Einkaufsgutschein über zehn Euro) belohnt.

Falls sich der Vorschlag zur Umsetzung qualifiziert, erhält der Einreichende eine Umsetzungsprämie, die sich am Umfang des Vorschlages orientiert, z.B. 25 oder 50 Euro. Eine eventuelle eigene Mitarbeit an der Umsetzung ist Arbeitszeit und wird nicht gesondert honoriert. Falls der Vorschlag zu einem Einsparungseffekt führt, wird dieser nach den üblichen kostenrechnerischen Grundsätzen ermittelt und dem Einreicher eine Rationalisierungsprämie, z.B. in Höhe von 25 Prozent der Einsparung des ersten Jahres, ausbezahlt.

Die Bedingungen für das BVW werden unmissverständlich formuliert und ausgehängt. Ein standardisiertes Formblatt für das betriebliche Vorschlagswesen kann beispielsweise wie folgt aussehen:

Verbesserungsvorschlag	**Betriebliches Vorschlagswesen BVW**
Kurzbeschreibung:	
Einreicher:	
Datum:	Vorschlagsnummer:
Gegenwärtiger Zustand:	
Beschreibung des Vorschlages:	
Ich möchte den Vorschlag selbst umsetzen .... ☐	Dafür benötige ich Unterstützung von..
Bewertung:	
Anerkennungsprämie:	ja ☐ nein ☐
Umsetzungsprämie:	ja ☐ nein ☐
Rationalisierungsprämie:	ja ☐ nein ☐
Bewerter:	Datum:

Abgelehnte Vorschläge werden in eine Ideendatenbank übernommen. Falls der Vorschlag zu einem späteren Zeitpunkt wieder aufgegriffen wird, z.B. durch die Einreichung eines anderen Mitarbeiters unter veränderten

Randbedingungen, wird der ursprüngliche Einreicher mitberücksichtigt.

Die Brille des Kunden – die 7 Arten der Verschwendung

Im Folgenden wird ein einfaches und sofort anwendbares Verfahren zur Optimierung betrieblicher Prozesse und zur Vermeidung von Verschwendung vorgestellt, welches hier als die *Brille des Kunden* bezeichnet wird.

Stellen Sie sich vor, ein imaginärer Kunde kommt ins Haus und will sich die komplette Prozesskette zur Herstellung *seines* Produktes selbst ansehen. Stellen Sie sich ferner vor, der professionelle Kunde ist in der Prozessplanung und -optimierung zuhause und ein ausgemachter Spezialist für effiziente Prozesse. Er kann Verschwendung und Wertschöpfung stets klar unterscheiden und lässt sich nichts vormachen. Und stellen Sie sich weiter vor, er hat ein Bündel Fünf-Euro-Scheine in der Tasche und zahlt jeden Prozessschritt sofort bar. Aber eben nur jene Prozessschritte, deren Zweck und Gestaltung er aufgrund seiner eigenen Expertise als notwendig und richtig anerkennt. Bei unnötigen und unzweckmäßigen Prozessschritten, beim Fehlen erforderlicher Schritte oder der mangelhaften Gestaltung der Prozesse verweigert er die Zahlung und fordert Erklärungen.

Stellen Sie nun ein kleines Team zusammen (zwei oder drei Personen), das die Position dieses fiktiven Kunden einnimmt, und führen Sie es selbst. Achten Sie dabei darauf, so viele Kenntnisse und Erfahrungen aus der Prozessplanung darin zu vereinen, wie Sie im Haus verfügbar haben. Nutzen Sie Ihr Netzwerk und holen Sie sich eine Person von extern, um der Betriebsblindheit entgegenzuwirken.

Definieren Sie ein Produkt oder eine Prozesskette, die sie untersuchen wollen. Falls Sie bei der Auswahl unsicher sind, nutzen Sie die 80:20-Regel. Mit 20 Prozent ihrer Kunden/Produkte erzielen Sie 80 Prozent Ihres Umsatzes. Oder machen Sie eine ABC-Analyse. Wählen Sie Prozesse, deren Optimierung Ihnen den größten Anfangserfolg verspricht.

Erstellen Sie eine möglichst genaue Prozessbeschreibung (eine detailliertere erhalten Sie durch die nachfolgende Prozessbetrachtung). Eine Prozesskette kann beispielsweise folgende Bereiche umfassen:

- Anfrage/Kalkulation/Angebot/Auftragseingang

- Konstruktion

- Einkauf/Disposition

- Arbeitsvorbereitung

- Lager/Kommissionierung

- Teilefertigung und Montage

- Prüfung/Qualitätssicherung

- Verpackung/Versand

Legen Sie einen Zeitrahmen für die Untersuchung fest, z.B. einen Vormittag. Bestimmen Sie einen Protokollführer und fangen Sie an.

Gehen Sie Vorort. Gehen an den Ort der Prozesse, ins Gemba (jap.). Machen Sie einen Muda Walk (jap. für Verschwendung). Knien Sie sich notfalls in den Dreck und haben Sie keine Scheu, sich die Hände schmutzig zu machen. Lernen Sie Ihre Prozesse kennen und deren Sinnhaftigkeit einzuschätzen. Betrachten Sie die einzelnen Prozessschritte auf ihr Verschwendungspotential. Versetzen Sie sich in Ihren Kunden. Würde er wirklich alles bezahlen wollen, was Sie Schritt für Schritt vorfinden und kritisch betrachten?

Sieben Verschwendungsarten

Verschwendung im Betrieb wird in der Lehre der *Lean Production* in sieben Verschwendungsarten untergliedert. Beachten Sie, dass administrative Bereiche einen großen Einfluss auf die Ausprägung der Verschwendungsarten im Produktionsbetrieb haben. Nehmen Sie die nachfolgende Aufstellung als Grundlage für Ihre Betrachtungen.

1. Unnötige Materialbewegungen

Unnötige Materialbewegungen durch nicht wegeoptimiertes Lager, räumlich getrennte Arbeitsplätze, weit von Arbeitssystemen entfernte Lagerorte, Lagerung zwischen den Bearbeitungsschritten, Normteile nicht in Arbeitsplatznähe gelagert usw.

2. Unnötige Lagerbestände

Unnötige Lagerbestände (Vormaterial, Material im Prozess) durch dispositive Planungsfehler, zu hohe Forecasts, Bestände im Transportprozess, Zwischenlagerung von Baugruppen, Überbestände durch Zwangsauslastung von Überkapazitäten, Missachtung des Pull-Prinzips (Pull-Prinzip: Material wird von den Verbrauchsstellen nur bedarfsweise angefordert, nicht durch vorgeschaltete Stellen hineingedrückt oder aufgestaut).

Prüfen Sie das Vorhandensein nicht lagerfähiger Baugruppen (z.B. Scheiben und Dichtungen, die vorbereitend auf Schrauben aufgesteckt und in größerer Stückzahl so abgelegt wurden). Solche Quasibaugruppen sind unsinnig und immer ein Hinweis auf personellen Leerlauf, z.B. aufgrund schlechter Taktung von Bearbeitungsschritten oder anderer Planungsschwächen.

3. Mangelnde Ergonomie an Arbeitsplätzen

Hier ist vor allem auf kurze Greifwege und die Vermeidung von Überbelastung der Arbeitenden zu achten:
geeignete Arbeitstische und Stühle, angepasste Beleuch-
tung, optimierte Materialbereitstellung, geeignete Vorrichtungen und Werkzeuge, Hebezeuge usw.

4. Unnötige Wartezeiten

Vermeidbare Wartezeiten des Personals durch schlechte
Austaktung aufeinanderfolgender Prozessschritte, wegen
fehlenden Materials, technischer Störungen, Warten auf
Anweisungen oder Entscheidungen, auf Freiwerden von
Werkzeugen usw.

5. Unnötig produzierte Mengen

Überproduktion (Bauteile, Baugruppen, Fertigprodukte)
durch zu hohe Losgrößen (Losgröße als rechnerische
Balance zwischen Bestandskosten und Rüstkosten unter
Außerachtlassung der Absatzchancen). Auch Zwangsauslastung von Überkapazitäten und andere Planungsfehler verursachen Überbestände an Bauteilen oder
Fertigprodukten. Überproduktion vervielfältigt die anderen 6 Verschwendungsarten.

Rüstkosten eines Loses werden auf die Stückzahl des Loses umgelegt. Um die Stückkosten möglichst gering zu halten, werden hohe Losgrößen angestrebt, auch wenn dies aus einer Vielzahl anderer Gründe nachteilig ist (systematische Fehler im Los, Bestandskosten, Produktänderungen, um nur einige zu nennen). Je kleiner die Rüstkosten sind, desto wirtschaftlicher sind kleine Losgrößen. Daraus folgt, dass die wirtschaftliche Losgröße im gleichen Maß reduziert werden kann, wie es gelingt, die Rüstzeit zu reduzieren. Die Halbierung der Rüstzeit ermöglicht eine Halbierung der Losgröße. Hier ist meist Redundanz von Werkzeugen, Vorrichtungstechnik usw. gefragt. Und die Halbierung der Losgröße halbiert auch die Durchlaufzeit eines Loses.

6. Ungeeignete technische Prozesse

Ungeeignete technische Prozesse durch unausgereifte, veraltete oder überkomplexe Technologien (Fertigungs- und Prüfverfahren), ungeeignete Vorrichtungstechnik und Werkzeuge, übernommene Prozesse nur unzureichend angepasst, Fertigung auf über- oder unterdimensionierten Maschinen usw.

7. Ausschuss, Nacharbeit

Ursachen sind fehlerhafte oder falsche Produktions- und Messmittel, Konstruktionsfehler, nicht ausreichend geschultes Personal, fehlende Standardisierung, fehlerhaftes oder falsches Vormaterial, fehlende oder fehlerhafte Arbeitsdokumente usw. Je nach Konzeptlayout der Produktion können ganze Lose komplett betroffen sein.

Verschwendung lässt sich nicht immer eindeutig einer der 7 Verschwendungsarten zuordnen. Diese sind vielmehr voneinander abhängig oder gehen ineinander über.

Fragen Sie sich und Ihre Teammitglieder ständig, ob der professionelle und kritische Kunde die einzelnen Prozessschritte bezahlen würde, weil er sie für erforderlich und zweckdienlich hält. Hier einige weitere Beispiele:

-   *Ist die Datenerfassung zweckmäßig? Keine mehrfache Erfassung der gleichen Daten an unterschiedlichen Positionen in der Prozesskette? Kann vereinfacht oder beschleunigt werden? Einsatz von QR- oder Barcode sinnvoll?*

-   *Gibt es überflüssige oder unnötig redundante Prozessschritte? Erfüllen alle Prozessschritte vollständig ihren Zweck? Fehlen Prozessschritte?*

-   *Gibt es Stücklisten und Arbeitspläne? Sind sie vollständig und auf aktuellem Stand? Wird aus dem Gedächtnis gearbeitet?*

-   *Wurden Maßnahmen der Qualitätsvorausplanung ergriffen, z.B. FMEA?*

- *Gibt es Prüfpläne? Sind signifikante und kritische Prozessschritte besonders gekennzeichnet? Gibt es eine entsprechende Dokumentation?*

- *Gibt es eine durchgängige Prozessbeschreibung?*

- *Ist die Prozesskette durchgängig, d.h. nicht durch hierarchische Barrieren wie Abteilungsgrenzen behindert (Prozessorientierung statt Funktionsorientierung)? Ein Beispiel: Sind Prüfschritte integrierter Bestandteil des Fertigungsablaufs? Oder werden Lose ungeprüfter Teile vor der Tür der Qualitätssicherung abgestellt?*

- *Gibt es Arbeitsanweisungen, Checklisten, usw.? Sind sie vollständig und auf aktuellem Stand?*

Das Vorhandensein von Prozessen ist nicht genug, sie müssen auch eingehalten werden. Die Forderung nach Prozessen ist keine penible Kleinkariertheit von Bürokraten und auch kein Ausdruck dafür, die vermeintliche Notwendigkeit abgespeckter Anforderungen im Mittelstand nicht verstanden zu haben. Im Gegenteil: Die Anforderungen an Effizienz und Qualität sind für alle Branchen und Betriebsgrößen die gleichen. Das Unterlaufen von Abläufen führt sofort zu Effizienzverlusten und eröffnet vielfältigen Fehlermöglichkeiten Tür und Tor, welche eigentlich durch validierte Prozesse und deren Einhaltung vermieden werden sollen.

Planvoll arbeiten – SOFORT

Die chaotische Arbeitsweise des Abteilungsleiters war seinem Büro unmittelbar anzusehen: Die Vorgänge stapelten sich auf dem Schreibtisch gerade so hoch, dass die Stapel nicht umfielen. Berge von Papier auch auf dem Boden, dem Fensterbrett, sogar im Waschbecken.

Ob eine solch chaotische Einstellung noch zu revidieren ist, mag dahingestellt bleiben. Vielleicht hätte folgender einfache und leicht umzusetzende Grundsatz etwas verändert:

Wenn neue Aufgaben und Vorgänge erstmals den eigenen Arbeitsbereich erreichen, kann man sie – statt aufzustapeln – sofort einer schnellen Vierfachprüfung unterziehen:

1. SOFORT entsorgen?

Wenn der Vorgang nicht bearbeitet werden muss, die Unterlagen sich z.B. als Irrläufer oder Werbung erweisen, kann man ihn sofort den entsprechenden Zielen zuführen, z.B. dem Ausgang oder dem Papierkorb.

2. SOFORT delegieren?

Falls der Vorgang in den eigenen Zuständigkeitsbereich fällt und delegiert werden kann, wird dies sofort umgesetzt, die Unterlagen einem Mitarbeiter übergeben (oder ins Fach gelegt, ggf. mit der Bitte um Rücksprache).

3. SOFORT erledigen?

Wenn der Vorgang im eigenen Zuständigkeitsbereich liegt und von mir selbst sofort, also mit geringem Aufwand, abschließend erledigt werden kann, wird dies unmittelbar umgesetzt.

4. SOFORT planen!

Bleibt die Bearbeitung des Vorganges bei mir und kann nicht sofort erledigt werden, wird die Bearbeitung geplant, d.h. der Zeitaufwand wird geschätzt und in die (hoffentlich vorhandene) To-do-Liste eingeplant, erforderliche Ressourcen aktiviert, z.B. eine Besprechung angesetzt, und der Vorgang in einer Ablage für geplante Vorgänge gelegt. Ein Stapel sollte sich so nicht ergeben.

Pareto und ABC

Das im ersten Kapitel bereits erwähnte Pareto-Prinzip –
mit zwanzig Prozent des möglichen Aufwandes kann
man achtzig Prozent der möglichen Ergebnisse erreichen
– eignet sich hervorragend, um schnell Ansätze für
Rationalisierungsprojekte zu finden.

Zum Beispiel erzielt man im Allgemeinen mit 20% der
Kunden 80% des Umsatzes. Will man also eine Kam-
pagne starten, um die Kundenbeziehungen zu verbessern, kann man eine Pareto-Analyse nach Umsatz durch-
führen und mit den besagten 20% der Kunden die Kam-
pagne starten und damit bereits 80% der Optimierungs-
ergebnisse erreichen.

Ein weiteres Beispiel: ERP-Systeme sind, je nach Aus-
baustufe, oft mit einer Funktion ausgestattet, welche den
Lagerteilen, je nach Umschlagshäufigkeit, wegeopti-
mierte Lagerplätze zuordnet. Hat man diese Funktion
nicht zur Verfügung, hilft die Pareto-Analyse: 20% der
Lagerteile vereinen 80% der Umschlagshäufigkeit auf
sich. Wenn man nun seine Lagerteile nach Umschlagshäufigkeit sortiert und mit den ersten 20% ein Projekt zur
Wegeoptimierung im Lager startet, kann man bereits
80% Ratiopotential abschöpfen.

Die ABC-Analyse stellt eine erweiterte oder verfeinerte
Form der Pareto-Analyse dar. Es werden drei statt zwei
Klassen gebildet und mit A, B und C bezeichnet. Auch

hier werden die Objekte nach der Ausprägung der betrachteten Eigenschaften sortiert, welche sich auf 100% summieren. Beispielsweise kann der Bereich bis 10% der Klasse A, jener zwischen 10% und 40% der Klasse B, und jener ab 40% der Klasse C zugewiesen werden. Diese prozentuale Kategorisierung ist jedoch nirgends festgeschrieben und folgt den Erfordernissen.

Verzeichnisse und Dateien – suchen, suchen, suchen

Jeder legt Verzeichnisse an und speichert Dateien darin ab. Soweit nicht zu beanstanden. Noch nicht. Die Speicherbelegung steigt, die Anzahl der Dateien auch, und das Wiederfinden wird mit der Zeit schwieriger. Irgendwann wird das lange Suchen lästig. Zeit, Ordnung in die Verzeichnislandschaft zu bringen.

Zunächst: Nicht jeder legt Verzeichnisse auf dem Server an! Zumindest nicht auf den oberen beiden Ebenen. Und: Die Anzahl der Verzeichnisse ist limitiert.

Also wird eine begrenzte Anzahl Berechtigungen an Mitarbeiter vergeben (z.B. im Bereich IT-Administration), die Verzeichnisse auf den oberen beiden Ebenen in beschränkter Menge anlegen dürfen. Auf der obersten Ebene ist die Limitierung am striktesten und orientiert sich z.B. an der Anzahl der Fachabteilungen oder Funktionen im Unternehmen.

Eine sinnvolle Reihenfolge der Verzeichnisse wird gebildet, indem den Verzeichnisnamen Ziffern zur Durchnummerierung vorangestellt werden, z.B.:

02 VERTRIEB
03 PRODUKTION
04 QUALITÄTSMANAGEMENT
05 VERSAND
06 ENTWICKLUNG
07 VERWALTUNG

usw.

In den darunter folgenden Ebenen setzt sich die logische Struktur fort:

02   PRODUKTION
  021   LAGER
      0211 BESTÄNDE
usw.

Oder:
06   ENTWICKLUNG
  061   PROJEKTE
      0611   DAMENRAD
          06111 ZEICHNUNGEN
              06112 VERSUCH

usw.

(Eine andere und vielleicht sinnvollere Orientierung der Verzeichnisse kann die Abbildung von Prozessen durch die Ablagestrukturen sein. Es ist empfehlenswert, sich frühzeitig mit dieser Möglichkeit zu beschäftigen, da eine spätere Bereinigung der Ordnerstrukturen schon aufwändig genug ist, und eine grundlegende Umstellung von funktionsorientiert auf prozessorientiert umso mehr.)

In Verzeichnissen, in welchen unmittelbar Dateien abgelegt werden, kann sich folgende Struktur bewähren:

10 ENTWURF
20 FREIGEGEBEN
30 GESPERRT
40 OBSOLET
100 SCHROTTPLATZ

Unter FREIGEGEBEN abgelegte Dateien sind die einzigen, welche von anderen Bereichen verwendet werden dürfen, z.B. Zeichnungen, welche von Einkauf oder Produktion genutzt werden. Dies sorgt für Eindeutigkeit. Wenn also Zeichnungen aus FREIGEGEBEN nach GESPERRT verschoben werden, ist dies Konsequenz oder Merkmal eines Produktionsstopps. Nach OBSOLET verschobene Dateien sind nicht mehr gültig, können aber z.B. für Servicezwecke noch verwendet werden.

Das Verzeichnis SCHROTTPLATZ findet eher in persönlichen Arbeitsbereichen Verwendung, wohin Mitarbeiter verworfene Dateien verschieben können, deren sofortige Löschung unüberwindliches Unbehagen verursacht. Man kann darin später suchen, was man glaubt, wieder brauchen zu können. Oder löscht einen Teil oder den gesamten Inhalt von Zeit zu Zeit, z.B. im Rahmen einer 5-S-Aktion.

Auf den Punkt

- Betriebliche Verbesserungsstrategien machen Einzeloptimierungen unternehmensweit als Standards nutzbar und optimieren diese stetig.

- Nutzen Sie Wissen und Kreativität Ihrer Mitarbeiter durch ein betriebliches Vorschlagswesen.

- Betrachten Sie Ihre Prozesslandschaft detailliert und fragen Sie sich, was ein kritischer Kunde nach Wertschöpfung und Verschwendung unterscheiden würde.

Leadership

- Der Chef verankert Optimierungsstrategien in der Unternehmenskultur.

- Kontinuierliche Verbesserungen zu vernachlässigen heißt, auf Langzeitperspektiven zu verzichten.

6. 5-S-Methode – Ordnung muss sein

Auf dem Tisch aufgerissene Tüten mit O-Ringen und Pappkartons mit Schrauben und anderen Normteilen. Dazwischen ein undefiniertes und unvollständiges Sortiment an Werkzeugen. Kaum Hilfsmittel oder bestenfalls improvisierte Vorrichtungen. Ausgediente Bürostühle an Werkbänken. Schachteln mit ungekennzeichnetem Material irgendwo am Boden. Stapelweise veraltete Unterlagen in Schubläden.

So sehen viele Arbeitsplätze aus. Nach Jahren sind Regale und Schränke vollgestellt mit Materialien und Dingen, welche zum Wertschöpfungsprozess keinen Bezug mehr haben. Unter den Tischen und in Ecken, zwischen Kehricht und Altpapier, schlummern in Kartons Dinge, von denen niemand mehr etwas weiß. Fertige Aufträge stehen ohne Begleitpapiere herum. Fertigungsmaterial liegt ungekennzeichnet in den Regalen. Und so weiter. Qualität? Effizienz? Eher nicht.

Die 5-S-Methode ist zweierlei. Zum einen beseitigt sie die oben beschriebenen Zustände. Und zum anderen vermeidet sie deren Wiederauftreten. Beides allerdings nur bei ihrer konsequenten Anwendung. In einem Zeitrahmen von wenigen Stunden, je nach Größe des Arbeitssystems, lassen sich Arbeitsplätze schaffen, die folgenden Attributen gerecht werden:

- *klar organisiert*

- *strukturiert*

- *sauber*

- *frei von Ballast*

- *übersichtlich*

- *leistungsfähig*

- *frei von Verschwendung*

- *standardisiert*

- *sicher*

- *motivationsfördernd*

Ein kleines Team, bestehend im Wesentlichen aus Mitarbeitern der betroffenen Arbeitssysteme und einem Moderator, erarbeiten nach einer kurzen Schulung diese Ergebnisse nach der 5-S-Methode. Daraus werden Arbeitsplatz-Standards abgeleitet, die auch in anderen Arbeitssystemen im Haus angewandt werden können. Dadurch entstehen Grundlagen für weiterführende Prozessoptimierungen.

S1: Aussortieren (jap.: Seiri)

Alle Dinge am Arbeitsplatz (Materialbestände, Werkzeuge, Vorrichtungen, Behälter, Dokumente, usw.) werden daraufhin überprüft, ob sie einen Zweck erfüllen und gebraucht werden, oder nicht. Falls nicht, werden sie aus dem Arbeitsbereich entfernt. Dabei sollte klar unterschieden werden, ob sie an anderer Stelle einen Zweck erfüllen. Wenn nicht, sollten sie entsorgt werden. Das Lagern überflüssiger Gegenstände an anderen Orten ist nur ein inkonsequentes Verlagern des Problems, anstatt seine Lösung. Durch das Aussortieren wird Platz frei für die wesentlichen Materialien und Werkzeuge.

S2: Sichtbare Ordnung schaffen (jap.: Seiton)

Alle verbliebenen Gegenstände, also alles, was einen Zweck erfüllt und gebraucht wird, erhält einen festen Platz. Für Werkzeuge werden Ablagen definiert und beschriftet oder gekennzeichnet. Ein bekanntes Beispiel sind Gabelschlüssel, die in aufsteigender Größe an Nägeln an einem Brett aufgehängt und deren Umrisse mit einem Permanentmarker nachgezeichnet werden. So kann man unmittelbar erkennen, an welchen Platz ein bestimmter Gabelschlüssel gehört, ob einer fehlt, und falls ja, welcher. Ein anderes Beispiel sind Ordner, die in einer sinnvollen Anordnung nebeneinander im Regal stehen. Wenn man diagonal über alle Ordnerrücken einen Streifen Klebeband klebt und zwischen den Ordnern durchschneidet, hat man ein Ordnungssystem mit der gleichen Aussagekraft wie bei den Gabelschlüsseln.

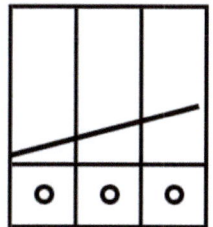 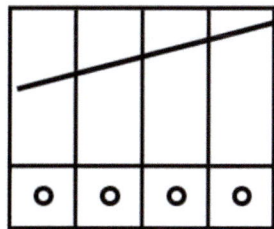

Material für den Wertschöpfungsprozess wird z.B. in handelsüblichen standardisierten Behältern (auch Lagersichtkästen oder 'Schütten' genannt) aufbewahrt und nach Verwendungshäufigkeit angeordnet. Die Farbe Rot bei den Behältern ist sehr beliebt, erfüllt jedoch einen sinnvolleren Zweck dann, wenn man sie nur für Ausschuss, defektes oder gesperrtes Material verwendet. Die verbliebenen Farben Blau, Grün, Gelb, Schwarz und Grau können zur Klassifizierung von Teilen verwendet werden, z.B. kann Blau für Behälter ausschließlich für Normteile (Schrauben, Scheiben, Muttern,...) verwendet werden. Die Behälter werden mit Teilebezeichnung und Artikelnummer beschriftet.

Für die Materialbereitstellung am Arbeitsplatz können Materialbehälter in Reihen übereinander an Profilgestellen eingehängt werden, die mitsamt eines Sortiments an Behältern in unterschiedlichen Größen bei den bekannten Anbietern für Betriebsausstattungen erhältlich sind. Diese Anordnungen werden im hinteren Bereich der Arbeitstische abgestellt und ggf. befestigt. Pappschachteln, Tüten und dergleichen haben hier nichts mehr zu suchen. An den Seiten können in Klarsichthüllen die zugehörigen Arbeits- und Prozessbeschreibungen zum Blättern befestigt werden.

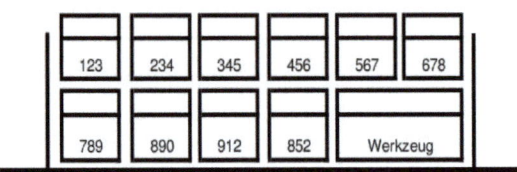

Wenn an einem Arbeitsplatz unterschiedliche Produkte bearbeitet werden, d.h. wenn je nach Auftrag unterschiedliche Zusammenstellungen an Material und Werkzeug benötigt werden, können für jedes Produkt eigene solcher Materialbereitstellungsarrangements angefertigt werden. Beim Wechsel auf ein anderes Produkt wird dann die komplette Bereitstellung gegen die andere getauscht, welche in einem entsprechenden Bereich (Regal, Schrank) vorgehalten wird. Das Gleiche kann man mit Arbeitsmitteln und Werkzeugen machen, auch dann, wenn man mitunter dasselbe Werkzeug teilweise mehrfach vorhalten muss. Im Sinne einer schnellen und sicheren Umrüstung lohnt sich das fast immer.

(An dieser Stelle sei darauf hingewiesen, dass Material und Werkzeug, welches der unmittelbaren Wertschöpfung dient, für alle anderen Bereiche des Hauses tabu sind. Insbesondere Werkzeug sollte nicht verliehen werden. Die Produktion ist kein Selbstbedienungsladen für Werkzeug und Material. Unautorisierte Zugriffe sind inakzeptabel und sollten durch die Geschäftsleitung unterbunden werden. Ein zentrales Materiallager sollte ein abgeschlossener Bereich mit Zugangsbeschränkung sein.)

Am Boden können Materialbereitstellungsbereiche mit schwarz-gelbem Klebeband umgrenzt und beschriftet werden. In diesen Bereichen wird nichts anderes mehr abgestellt.

Grundsätzlich sollte nach Abschluss des Punktes S2 jeder Gegenstand am Arbeitsplatz einen festen Platz haben und Abweichungen sofort erkennbar sein. Wenn Abweichungen für alle erkennbar sind, können alle an der Verbesserung der Arbeitssysteme mitarbeiten.

Die ersten beiden Schritte der Methode erfordern die Bereitschaft der Mitarbeiter, sich von vielen unnützen Dingen zu trennen und ihren Arbeitsbereich erheblich zu verändern. Es empfiehlt sich, den Abschluss dieser Schritte gebührend zu feiern, z.B. durch ein gemeinsames Abendessen auf Kosten des Chefs.

S3: Reinigen (jap.: Seiro)

Im dritten Schritt wird der komplette Arbeitsplatz gereinigt. Saubere Arbeitsplätze sind erste Grundlage für effizientes Arbeiten und Qualität. Reinigen bedeutet immer auch Überprüfen und führt oft zum Auffinden von Schäden an Werkzeugen, Vorrichtungen und Maschinen. Die erforderlichen Reinigungsmittel und Gerätschaften werden definiert und zusammengestellt. Oft wird ein (wie in der Gebäudereinigung gebräuchlicher) Reinigungswagen beschafft, der an einem definierten Ort bereitgehalten wird.

S4: Standardisieren (jap.: Seiketsu)

Standardisierung bedeutet Vereinheitlichung, am besten über alle Arbeitsplätze im Unternehmen, z.B. bei der Systematik der Behälteranordnung und -beschriftung, der Verwendung von Behälterfarben, bei Aufbau und Inhalt von Arbeitsanweisungen, bei der Dokumentenablage, bei der Wartung, bei Überprüfungs- und Reinigungsprozeduren sowie deren regelmäßige Anwendung (Reinigungspläne) usw. Dazu werden 5S-Auditchecklisten sowie Aktionspläne für die Einführung der erarbeiteten Standards erstellt.

S5: Selbstdisziplin – Regeln einhalten (jap.: Shitsuke)

In diesem Schritt wird das regelmäßige Überprüfen des Ordnungszustandes und das Reinigen des Arbeitsplatzes zur Regel gemacht. Nur regelmäßiges, gewohnheitsmäßiges Überprüfen und Reinigen trägt zur Aufrechterhaltung eines hohen Standards bei. Außerdem sollen die geltenden Prozeduren regelmäßig in Frage gestellt und weiter verbessert werden. Dafür werden die fünf Schritte regelmäßig immer wieder aufs Neue durchlaufen. Hier spannt sich der Bogen zum PDCA-Zyklus und damit zu KVP.

Nachfolgend sind exemplarisch ein 2-seitiges 5-S-Arbeitsblatt und ein Standardisierungs-Aktionsplan (S4) dargestellt:

Mar2022BGS	Arbeitsblatt 5-S-Aktion		1-2	

Arbeitsplatz:		Datum:
Teilnehmer und Schulungs- stand:		

Bearbeitungsschritt:	erl.	**noch zu erledigen:**	erl.
S1: AUSSORTIEREN			
Werkzeuge, Vorrichtungen, Messzeuge, Elektrogeräte, Computer, Schreibmaterialien			
Materialien, Behälter, Verpackungen			
Schränke, Tische, Stühle, Regale, Werkbänke			
Unterlagen, Dokumente, Aushänge			
S2: SICHTBARE ORDNUNG SCHAFFEN			
Bodenkennzeichnung von Wegen, Sitz- und Bewegungsräumen, Arbeitsbereichen			
Bodenkennzeichnung von Stellplätzen für Paletten, Gitterboxen, Tischwagen, Kommissionierungen			
Beschriftung an Stellflächen in Regalen und Schränken			
S3: REINIGEN			
Maschinen, Werkbänke, Tische			

Arbeitsblatt 5-S-Aktion			2-2	
Mar2022BGS				

Bearbeitungsschritt:	erl.	noch zu erledigen:	erl.
Böden, Stellflächen, Wege, Zugangsbereiche			
Werkzeuge, Vorrichtungen, Messzeuge, Elektrogeräte, Computer, Schreibmaterialien			
Arbeitsbereich, Behälter, Schränke, Regale, Abfallbehälter			
Reinigungsmaterialien sind auf aktuellem Stand			

S4: STANDARDISIEREN

	erl.		erl.
Prüfplan und Reinigungsplan für regelmäßige 5-S-Aktion auf aktuellem Stand			
Standards (Materialbereitstellung und -kennzeichnung, Arbeitsabläufe, Fertigungslayout, Arbeitsanweisungen, Wartungspläne, Ablage und Dokumentation) auf aktuellem Stand und dokumentiert			

S5: SELBSTDISZIPLIN - REGELN EINHALTEN

	erl.		erl.
Regelmäßiges Durchlaufen des 5-S-Zyklus organisiert und eingehalten			
Aktionsplan für Verbesserungen vorhanden und aktuell			

protokolliert:		
	Name	Abschlußdatum

Ma/2022BGS	5-S-Aktionsplan: Standardisierung (S4)				
Arbeitsplatz:					
Lfd. Nr.	Aufgabe/Fragestellung	Lösung/Umsetzung	wer	bis wann	erl.

Der Chef als unverzichtbare Leitfigur

Wenn die 5-S-Methode an einem Arbeitsplatz eingeführt und es dann den Mitarbeitern überlassen wird, sie im Sinne eines kontinuierlichen Verbesserungsprozesses am Laufen zu halten, oder sie gar auszuweiten, wird sie unmittelbar scheitern. Dem Chef kommt hier mehr als anderswo die Vorbildrolle einer Leitfigur zu. Wenn 5-S funktionieren soll, muss die Methode einen festen Platz in der Firmenkultur finden. Das gilt im Grunde für alle in dieser Publikation beschriebenen Methoden. Dies gelingt nur, wenn der Chef seinen festen Willen kundtut und seine Mitarbeiter aktiv unterstützt und motiviert nach dem Motto: Fordern und Fördern. Die beste Überzeugung für die Methode ist die Erkenntnis der positiven Veränderungen im Arbeitsalltag. Dies erfordert Zeit und ein konsequentes Dranbleiben. Und es setzt voraus, dass der Chef verstanden hat.

Auf den Punkt

- 5S am Arbeitsplatz beseitigt Verschwendung, schafft Ordnung und ist ein einfacher Einstieg in die Prozessoptimierung.

- 5S ist ein Zyklus, der einmalig als Workshop, und dann immer wieder aufs Neue durchlaufen und weiter verbessert wird.

Leadership

- Der Chef lebt 5S vor und schafft Anreize, um der Methode Eingang in die Unternehmenskultur zu sichern.

---

7. Logistik – 5 mal R

Logistik bedeutet:

- *das richtige Material*
- *zur richtigen Zeit*
- *in der richtigen Menge*
- *in der richtigen Qualität*
- *am richtigen Ort*

Mittelständische Materiallager zeichnen sich häufig dadurch aus, dass Informationen über die exakte Höhe der Bestände nicht existieren, nirgends festgehalten und fortgeschrieben werden. Ständiges Zählen und Schätzen sind an der Tagesordnung. Leerstände auch.

Informationen über Wiederbeschaffungszeiten und mengen, Verbräuche sowie Lieferanten und Preise werden nicht systematisch verwaltet, sondern bedarfsweise zusammengesucht.

Hier sollen zwei Methoden zur Bewirtschaftung von Material vorgestellt werden:

- Eine rein **bestandsgesteuerte** Bewirtschaftung von überwiegend geringwertigen Teilen, z.B. Normteile wie Schrauben und Muttern oder einfache Zeichnungsteile, sowie

- eine **bedarfsgesteuerte** Bewirtschaftung überwiegend für höherwertige Teile, im Beispiel optische Baugruppen mit hohem Einkaufswert.

Bestandsgesteuerte Bewirtschaftung

In der guten alten Zeit konnte man Milchflaschen aus Glas am Tresen im Tante-Emma-Laden wieder auffüllen lassen. Man hatte zwei Flaschen im Kühlschrank. Wenn die erste leer war, legte man sie in den Einkaufskorb. Zum Milchverbrauch nutzte man dann bis auf Weiteres die zweite. Beim Einkaufen ließ man die erste Flasche wieder befüllen und stellte sie zurück in den Kühlschrank. Dieses Vorgehen wiederholte man mit beiden Flaschen im Wechsel. Damit hatte man ein einfaches System zur Bewirtschaftung von Milch. Man musste nur sicherstellen, dass die Flaschen ausreichend groß waren, damit die Milchmenge einer Flasche die Zeit bis zur Wiederbefüllung der anderen komfortabel überbrücken konnte.

Betrachtet man anstelle von Milch nun Schrauben oder Beilagscheiben, kann man die Bewirtschaftung auf die gleiche Weise bewerkstelligen. Man nutzt zwei Behälter, z.B. die schon beschriebenen Lagersichtkästen, welche jeder eine Menge von Teilen enthält, welche größer ist als die Verbrauchsmenge während der Wiederbeschaffungszeit der Teile, plus mindestens einen Sicherheitszuschlag.

Ist nun der erste Behälter leer, wird der Wiederbeschaffungsprozess angestoßen. Dies kann z.B. eine Anforderung an ein anderes internes Teilelager sein oder eine Bestellung bei einem externen Lieferanten. Dazu kann der leere Behälter an die vorgeschaltete Stelle (Lager oder Einkauf) gegeben werden, oder man nutzt dazu eine Karte (jap. Kanban), die dem Behälter zugeordnet ist. Behälter oder Karte müssen dazu folgende Informationen enthalten:

- Artikelnummer
- Teilebezeichnung
- Teilemenge
- Lagerort

Um die Teilemenge eines Behälters festlegen zu können, braucht man noch folgende Informationen:

- durchschnittlicher Teileverbrauch pro Zeit
- Wiederbeschaffungszeit der Teile

Die Verwendung von nur einem Behälter ist dann möglich, wenn man bereit ist, die Menge durch Beobachtung zu überwachen (z.B. durch Zählen oder Schätzen bei jeder Entnahme) und beim Unterschreiten des Meldebestandes die Wiederbeschaffung anzustoßen. Dieses

Vorgehen beinhaltet die Bereitschaft, Leerstand zu riskieren.

Wenn man eine hohe Bestellfrequenz vermeiden will, kann man die Teilemenge in den Behältern entsprechend hoch festlegen, wodurch jedoch die Lagerkosten steigen. Die geringstmögliche Menge allerdings muss ausreichend bemessen sein, um die gegebene Wiederschaffungszeit bei gegebenem Durchschnittsverbrauch zu überbrücken.

Sobald das Material verfügbar ist, wird der Behälter befüllt und wieder an seinen Lagerort gebracht, bzw. die Karte wieder am frisch befüllten Behälter befestigt.

Bedarfsgesteuerte Bewirtschaftung

Ein System zur verbrauchsabhängigen Bewirtschaftung ist mit folgender Exceltabelle realisiert:

	A	B	C	E	F	G
1	Artikelbezeichnung: Optikeinheit Projektor					
2	Artikelnummer: 12345678					
3	Meldebestand: 40					
4	Wiederbeschaffungszeit [Wo.]: 4					
5	*LAGERBESTAND: 65*					
7	ABGANG			ZUGANG		VERFÜGBAR
8	KW 2099	Forecast	Auftrag	Eigenfertigung	Einkauf	
9	12	2	8			55
10	13		10			45
11	14		10			35
12	15	2	10		50	73
13	16		12			61
14	17	4	8			49
15	18	7	5			37
16	19	8	2		50	77
17	20	12	3			62
18	21	10				52
19	22	8	2			42
20	23	15				27
21	24	15			50	62
22	25	11	1			50
23	26	10				40
24	27	12				28
25	28	15				13
26	29	10				3
27	30	12				-9
28	31	10				-19
29						Mar2022BGS

Erläuterung:

In Spalte *Forecast* werden die Vorhersagen des Vertriebes über die Zeit eingetragen. Im Beispiel war der Forecast für KW12 ursprünglich 10 Einheiten.

In Spalte *Auftrag* werden die Mengen eingetragen, welche für Betriebsaufträge aufgrund von Kundenbestellungen abfließen. Die Menge in Spalte *Forecast* wird um die Menge in Spalte *Auftrag* reduziert.

In Spalte **Eigenfertigung** werden zufließende Mengen aus eigener Fertigung eingetragen. Dies ist hier nicht relevant, da es sich um ein Kaufteil handelt.

In Spalte **Einkauf** wird die zufließende Menge der eingekauften Teile eingetragen.

In Spalte **VERFÜGBAR** wird die Menge errechnet, welche sich zeilenweise durch die Addition von Abgängen (Forecast und Auftrag, minus-Vorzeichen) und Zugängen (Eigenfertigung und Einkauf, plus-Vorzeichen) unter Berücksichtigung des aktuellen Lagerbestandes ergibt. Formel:

Zeile 9 (KW12): G9=E5-B9-C9+E9+F9
Zeile 10 (KW13): G10=G9-B10-C10+E10+F10
usw.

Das Ergebnis dieser Spalte zeigt die verfügbaren Lagerbestände in der Zukunft. Bei Unterschreitungen des Meldebestandes aufgrund von Abgängen können auf diese Weise Zugänge in Form von Bestellungen rechtzeitig gesetzt werden.

Die Ermittlung des Beschaffungsbedarfes zu einem bestimmten Zeitpunkt durch Betrachtung von Lagerbeständen plus geplanten Zugängen minus geplanten Abgängen nennt man in der Betriebswirtschaft *Nettobedarfsrechnung*. Der reine **LAGERBESTAND** (Zeile 5) als Information ist von geringer Bedeutung, wenn man nicht alle – innerhalb der Wiederbeschaffungszeit liegenden – künftigen Zu- und Abgänge mit berücksichtigt.

Dadurch, dass die Mengen des Auftragseingangs von den Mengen des Forecasts abgezogen werden, bleiben die verfügbaren Mengen (Spalte VERFÜGBAR) konstant. Verlässliche Forecasts – welche also den Auftragseingang am zuverlässigsten vorhersehen – begründen somit die Planungssicherheit. Unscharfen Forecasts kann man mit höheren Sicherheitsbeständen begegnen. Das völlige Fehlen von Forecasts würde – bei kurzfristigem Auftragseingang überwiegend innerhalb der Wiederbeschaffungszeit – zu einer vorwiegend bestandsgesteuerten Bewirtschaftung führen, wie im vorhergehenden Beispiel beschrieben, mit höheren Lagerkosten bzw. höherer Kapitalbindung.

An der in vorstehender Abbildung gezeigten Ermittlung des Nettobedarfes manifestiert sich oft die mangelnde Bereitschaft des Managements, sich mit produktionswirtschaftlichen Basics auseinanderzusetzen. Es soll Produktionswirtschaft betrieben werden, aber die einfachsten Grundlagen werden nicht beherrscht. Trotz des jahrelangen Vorhandenseins der o.g. Übersicht (wie sie nicht nur in Excel leicht zu realisieren ist, sondern in allen mir bekannten produktionswirtschaftlichen Planungssystemen zu den grundlegenden Funktionen gehört, auch für den Vertrieb), können sie von Managern nicht interpretiert werden. Sie sind dann darauf angewiesen, die aktuelle Lieferfähigkeit ständig zu erfragen.

8. Der Vertrieb – mit Schaufel und Hacke

Der Vertrieb hat unmittelbaren Einfluss auf das Schicksal einer Firma. Und: Gute Außendienstler, vor allem gute Vertriebsleiter, sind dünn gesät. Dies sollte zu größter Sensibilität für das Vertriebsthema gemahnen.

Die für Vertriebler kennzeichnenden Eigenschaften, ein kommunikatives Auftreten in Verbindung mit der Kunst der überzeugenden Rede, lässt noch keine Rückschlüsse auf die Fähigkeit zu, nachhaltig Umsatz zu generieren, eigenen sich aber gut zum Abschluss eines Arbeitsvertrages. Leistungsfähige Strategien nicht nur im Bewerbungsgespräch zu skizzieren, sondern in der Praxis ans Laufen zu bringen, ist nicht einfach und erfordert Zeit. Oft jedoch erweist sich die nach vollmundigen Ankündigungen aufgebaute schlagkräftige Vertriebsmannschaft eher als eine Art passiver Verwalter des Auftragseingangs. Die Vertriebsstrategien reduzieren sich auf Sorglospakete, Sonder-Sale-Aktionen oder plumpe Barrabatte. Rabatte haben übrigens Missbrauchs- und Suchtpotential. Mit Rabatten kann man am Ende alles verkaufen, mit noch mehr Rabatt lassen sich die Mengen noch mehr steigern. Und so weiter. Qualifizierte Vertriebsarbeit kennt Rabatte nur in niedriger Dosierung, eher als psychologisches Zuckerl denn als großes finanzielles Zugeständnis.

Ein Blick hinter die Fassade des Könnens, wie Arbeitgeber ihn sich bei neuen Arbeitnehmern möglichst noch in der Bewerbungsphase wünschen, ist bei Vertriebsmitarbeitern naturgemäß eher schwierig und mit nötiger Klarheit oft erst nach langen Monaten, manchmal Jahren, möglich. Mitunter gewöhnt man sich an dürftige Ergebnisse und hält sie für das maximal Mögliche. Sollte der Vertriebsleiter durch Fragen nach der versprochenen Performance dennoch in Bedrängnis geraten, fällt ihm ein Wechsel des Arbeitsplatzes, aufgrund seiner erwähnten Fähigkeiten, nicht weiter schwer. Bei dieser Karrierestrategie beträgt die Verweildauer bei einem Arbeitgeber oft nicht mehr als zwei Jahre.

Mitunter haftet dem Vertrieb eine selbstgeschürte Aura des Besonderen an im Unternehmensgefüge, die Aura des Kundenverstehers, des Kundenflüsterers. Nur er, der Vertrieb, versteht wirklich, dass die Kundenwünsche das Wichtigste überhaupt sind. Und der Vertrieb setzt die Kundenwünsche im eigenen Haus durch, gegen alle Widerstände, schließlich ist er in erster Linie dem Kunden verpflichtet, nicht etwa der Produktion oder anderen Stellen im Haus.

Oder vertritt der Vertrieb nicht doch in erster Linie die Interessen des eigenen Arbeitgebers, eingebunden in dessen Prozesslandschaft?

Beides ist richtig. Die unglückselige Distanz des Vertriebes zum Gleichtakt innerhalb des Unternehmens macht eine Zusammenarbeit oft nicht einfach, ergibt sich aus der oben gezeigten Haltung doch eher ein Gegeneinander als ein Miteinander. Natürlich müssen alle die Bedeutung des Kunden, i.A. die einzige Geldquelle für das eigene Unternehmen, verstehen, aber auch der Vertrieb muss die Randbedingungen akzeptieren, die die Unternehmensprozesse mit sich bringen. Und wenn die Grenzen zu eng gefasst sind, um die Kundenwünsche maximal erfüllen zu können, ist eine Neudefinition der Prozesse angezeigt, an der gemeinsam gearbeitet werden muss. Hier liegt ein wichtiges Betätigungsfeld des Chefs.

Manchen mag es stören, dass den Betrachtungen hier eine plangesteuerte Produktion zugrunde liegt. Der Druck des Marktes kann immer zur Notwendigkeit einer mehr absatzgesteuerten Produktion mit immer kürzeren Lieferzeiten, kleineren Losgrößen und einem wachsenden Produktsortiment führen. Die dann vom Vertrieb vorgetragenen Forderungen können von der Produktion im Allgemeinen nicht sofort umgesetzt werden. Daran ändert auch ein hartnäckiges Bestehen auf sofortige Lieferung nichts. Auf veränderte Marktvorgaben muss sich die gesamte Produktionskette einstellen können.

Der Vertrieb ist im Allgemeinen nicht daran interessiert, regelmäßig Vorgaben für seine eigenen Leistungen in Form von Forecasts zu erstellen, an denen er sich dann messen lassen muss. Lieber werden vielfältige Begründungen vorgetragen, warum Forecasts schwierig und die bescheidenen Umsätze so sind, wie sie sind: Marktumfeld gerade schwierig, Konjunktur schwach, Preis zu hoch (Kennen Sie Ihre Herstellkosten?), Lieferzeiten zu lang, Produkt angestaubt, Konkurrenz besser und billiger usw.. Die Gründe werden woanders gesucht, nicht im eigenen Leistungsvermögen.

Eine Voraussetzung muss also immer erfüllt sein: Sie müssen ein marktfähiges Produkt haben. Sonst hat selbst der beste Vertrieb keine Chance, aber gute Ausreden.

In wachsenden Märkten kommen Zuwächse von alleine. Ein Unternehmen auch in einem weniger komfortablen Umfeld in der geforderten, oder zumindest in ausreichender Weise, mit Aufträgen zu beatmen, kennzeichnet einen leistungsfähigen Vertrieb. Eine Abwarteabteilung am Telefon braucht indes niemand.

Um die bestmögliche Leistungsfähigkeit des Vertriebes sicherzustellen, kann folgende Aufstellung hilfreich sein:

- *Binden Sie bei der jährlichen Budgetplanung den Vertrieb maximal ein und brechen Sie den geplanten Umsatz auf Quartale und Monate herunter.*

- *Über diese Zahlen und ihren aktuellen Stand sollten sich alle Mitarbeiter in Ihrem transparenten Unternehmen durch aktuelle Aushänge informieren können.*

- *Lassen Sie den Vertrieb für diese Ziele einen Absatzplan bzw. rollierenden Forecast vorstellen (Produkte, Produktmix, Mengen, Preise usw.). Sie brauchen diese Zahlen auch für die Ressourcenpla-*

nung *(finanzielle Mittel, Personal, Betriebsmittel, Infrastruktur usw.) und für Einkauf und Materialdisposition.*

- *Lassen Sie den Vertrieb für diese Zahlen die Vertriebsstrategien vorstellen. Die gründliche Kenntnis der Kundenerwartungen sollte hier unbedingt deutlich werden. Sale-Aktionen, Draufgaben und Rabatte aus der Gießkanne sind keine qualifizierten Kundenerwartungen und erreichen als Vertriebsstrategien bestenfalls das Niveau von Wühltischkaufhäusern!*

- *Messen Sie den Vertrieb an diesen Zielen jährlich, quartalsweise und monatlich. Klären Sie die Ursachen für Abweichungen, lassen Sie Korrekturmaßnahmen erarbeiten, vorstellen und umsetzen. Nutzen Sie das Ideenpotential Ihrer Mitarbeiter.*

- *Der Vertrieb hat den Finger am Puls des Marktes und liefert den wichtigsten Beitrag zur künftigen Gestaltung von Produkt, Produktpalette und Dienstleistung. Fordern Sie regelmäßige Berichte zu diesem Punkt.*

- *Messen Sie den Vertrieb nicht am Umsatz, sondern am Gewinn (EBIT). Machen Sie Provisionen gewinnabhängig. (Kennen Sie Ihre Herstellkosten?) Seien Sie zurückhaltend bei Folgeprovisionen.*

Ein Investor – nach drei Jahren gerade im Begriff, das schmerzhafte Scheitern seiner Investition in einem optoelektronischen Start-up (Beamer neuester Technologie) zu akzeptieren – schloss die Tür mit den düsteren

Worten: *»Der Totengräber des Unternehmens ist meistens der Vertrieb«*.

Auf den Punkt

- Binden Sie den Vertrieb maximal in Budgetplanungen ein.
- Lassen Sie Forecasts und Strategien erstellen und messen Sie daran die Ergebnisse.

Leadership

- Die Erfüllbarkeit der Kundenwünsche durch geeignete Prozesse ist Chefsache.
- Wenn Sie Vertriebsforecasts und Vertriebsstrategien nicht zu festen Bestandteilen der Vertriebsarbeit erheben, werden Sie sie nicht bekommen.

---

9. Kostenrechnung – unbeliebtes Terrain

Viele Fertigungsbetriebe orientieren sich bei der Erstellung von Preislisten und Angeboten überwiegend oder ausschließlich am Markt. So richtig diese Vorgehensweise sein mag, so unvollständig ist sie. Der zugeschlagene Gewinn bewegt sich zwangsläufig zwischen zwei Grenzen: Bei zu viel Gier geht die Nachfrage gegen null. Diese Obergrenze macht sich von selbst bemerkbar. Bei zu viel Rabatt jedoch wird ab einer Untergrenze kein Gewinn mehr erwirtschaftet. Die Höhe dieser Untergrenze ist in vielen Betrieben unbekannt. Aus mangelnder Kenntnis der eigenen Gestehungskosten ist ein positives Betriebsergebnis dann von Zufall und Glück zumindest beeinflusst und von Geschäftsjahr zu Geschäftsjahr mit einem Überraschungsmoment versehen. Die Gewährung großzügiger Rabatte kann zu einem gefährlichen Spiel werden.

Kostenstellen, Selbstkosten, Gemeinkosten, verschiedene Preisuntergrenzen oder der geheimnisvolle Deckungsbeitrag, alles Begriffe, die ein wenig definiert werden müssen, um mit konkreten Zahlen unterlegt werden zu können. Das weite Feld der Kostenrechnung kann hier jedoch nicht bewirtschaftet werden. Am Ende soll es genügen, die eigenen Kosten für die Herstellung eines Produktes soweit kalkulieren zu können, dass sie eine tragfähige Basis für die Gestaltung auskömmlicher Angebotspreise und andere unternehmerische Entscheidungen liefern.

Kostenstelle, Selbstkosten, variable- und fixe Kosten, kurz- und langfristige Preisuntergrenze, Deckungsbeitrag

Eine **Kostenstelle** ist der Betrachtungsbereich der Entstehung von Kosten, z.B. eine Montageabteilung. Die Gemeinkosten, welche in diesem Bereich anfallen, werden nur diesem Bereich zugeordnet. Viele Fertigungsbetriebe beziehen bei der Erfassung der Gemeinkosten diese jedoch auf den gesamten Fertigungsbereich und verzichten auf die Unterscheidung nach einzelnen Kostenstellen.

Selbstkosten sind jene Kosten, welche bei Herstellung und Vertrieb eines Produktes sowie bei der Verwaltung des Produktionsbetriebes entstehen. Durch Zuschlag des Gewinns und ggf. der Mehrwertsteuer erhält man den Angebotspreis.

Selbstkosten beinhalten zum einen die **variablen Kosten**, die immer dann anfallen, wenn ein Produkt gefertigt und verkauft wird (z.B. Materialkosten, Löhne oder Vertriebsprovisionen), zum anderen die **Fixkosten** (auch Ehda-Kosten genannt – weil sie eh da sind), welche unabhängig vom Betriebsgeschehen periodisch gleichbleibend anfallen (z.B. Miete, Gehälter oder Abschreibungen).

Wenn **Angebotspreis = Selbstkosten** gesetzt wird, wird kein Gewinn erwirtschaftet, die variablen und fixen

Kosten sind jedoch gedeckt. Deshalb spricht man auch von der **langfristigen Preisuntergrenze**.

Aus Wettbewerbs- oder anderen strategischen Gründen (z.B. bei Unterauslastung) kann man kurzfristig **Angebotspreis = variable Kosten** (im Wesentlichen identisch mit den Einzelkosten EK) setzen. Man spricht dann von der **kurzfristigen Preisuntergrenze**. Hier sind nur die durch die Auftragsbearbeitung ausgelösten variablen Kosten gedeckt. Für die ohnehin anfallenden Fixkosten bedeutet dies aber den kalkulatorischen Verlust.

Wenn der Erlös aus einem Produkt oder Auftrag über die variablen Kosten hinausgeht, wird ein **Deckungsbeitrag DB** (genauer: Fixkostendeckungsbeitrag) erzielt, der aber nicht zwangsläufig die zurechenbaren Fixkosten vollständig deckt. Also Vorsicht bei der Bewertung eines positiven Deckungsbeitrages: Es müssen immer die durch das Produkt erst entstehenden Fixkosten mitbetrachtet werden (z.B. bei Maschinenanschaffung, Abschreibungen, Instandhaltung, Raumkosten usw.). Erst wenn diese gedeckt sind, kann ein darüber hinaus gehender Überschuss-DB das Gesamtergebnis aufbessern.

Kalkulationsschema für Selbstkosten nach Einzel- und Gemeinkosten am Beispiel eines Fahrradhinterrades:

Zuschlagskalkulation nach Einzel- und Gemeinkosten			
Kostenarten	Zuschlag-satz [%]		Hinterrad Damenfahrrad
Materialeinzelkosten MEK			51,31
+ Materialgemeinkosten MGK	ZS_{MK}	34,0	17,45
= **Materialkosten MK**			**68,76**
+ Fertigungseinzelkosten FEK			8,40
+ Fertigungsgemeinkosten FGK	ZS_{FK}	162,0	13,61
+ Maschinenkosten			0,00
+ SonderEK der Fertigung SEKF			0,00
= **Herstellkosten HK**			**90,76**
+ SonderEK des Vertriebes SEKVt			3,50
+ Vertriebsgemeinkosten VtGK	ZS_{Vt}	9,0	8,17
+ Verwaltungsgemeinkosten VwGK	ZS_{Vw}	12,0	10,89
= **Selbstkosten SK** Dec2021BGS			**113,32**

In diesem Beispiel werden keine Maschinenkosten verrechnet, da es sich ausschließlich um manuelle Montage von zugekauften Teilen handelt. Sondereinzelkosten der Fertigung fallen ebenfalls nicht an.

Die Anwendung des Kalkulationsschemas stellt keine große Herausforderung dar. Anders verhält es sich bei der Bereitstellung der benötigten Zahlen. Die Herkunft der Datenbasis wird im Folgenden erläutert.

Die folgende Tabelle gibt Quellen und Inhalte der erforderlichen Daten wieder:

Zuschlagskalkulation nach Einzel- und Gemeinkosten		Jan2022BGS
Kostenarten	**Datenbasis**	**Berechnung**
Materialeinzelkosten MEK	Kaufpreise, Kosten des Vormaterials (Stückliste)	Summe (mengen- bzw. stückzahlabhängig)
+ Materialgemeinkosten MGK	Miete, Betrieb und Abschreibungen für Lager	$MGK = MEK \times ZS_{MK}$
= **Materialkosten MK**		Summe
+ Fertigungseinzelkosten FEK	Lohnkosten (Arbeitsplan)	Summe (mengen- bzw. stückzahlabhängig)
+ Fertigungsgemein-kosten FGK	Abschreibung, Raumkosten, Instandhaltung, Energiekosten, Hilfslöhne für allg. Betriebsmittel	$FGK = FEK \times ZS_{FK}$
+ Maschinenkosten MK	Abschreibung, Raumkosten, Instandhaltung, Energiekosten für Maschine (Maschinenstundensatz)	Summe (mengen- bzw. stückzahlabhängig)
+ SonderEK der Fertigung SEKF	Konstruktionskosten, Lizenzen, Werkzeugkosten usw.	i.d.R. auftragsabhängig
= **Herstellkosten HK**		Summe
+ SonderEK des Vertriebes SEKVt	Verpackung und Fracht, Ver-sicherungen, Vertriebsprovisionen	i.d.R. auftragsabhängig
+ Vertriebsgemeinkosten VtGK	Miete für Fertigwarenlager, Vertriebsbüro, Werbung	$VtGK = HK \times ZS_{Vt}$
+ Verwaltungsgemein-kosten VwGK	Gehälter und Bürokosten Verwaltung	$VtGK = HK \times ZS_{Vw}$
= **Selbstkosten SK**		Summe

Stückliste

Die zu Beginn des Kapitels erwähnte Unkenntnis der eigenen Kosten beginnt bei vielen Unternehmen bereits bei den **Materialeinzelkosten MEK**. Sie sind direkt zurechenbar und ergeben sich im Wesentlichen aus der Stückliste. Es handelt sich um die Anschaffungskosten für Halbfertigwaren, Rohstoffe, Norm-, Katalog- und Zeichnungsteile, welche oft nur in ungeordneter Form im Einkauf vorliegen, z.B. als abgelegte Rechnungen.

Häufig existieren keine Stücklisten, und Produktkalkulationen werden nicht erstellt.

Außer als Grundlage für Kalkulationen dienen Stücklisten der Bedarfsermittlung, Beschaffung, Fertigung und Fertigungsplanung, Qualitätssicherung usw.

Die nachfolgend gezeigte **Mengenstückliste** beinhaltet alle Einzelteile für ein Damenfahrrad ohne weitere Ordnungsmerkmale:

(Das Kostenrechnungsbeispiel anhand eines anonymen Fahrradherstellers wurde gewählt, weil Fahrräder und ihr Aufbau weithin bekannt sind. Eine Wertung des Organisationsgrades dieser Branche oder einzelner Unternehmen daraus, weder in Deutschland noch anderswo, ist damit ausdrücklich nicht verbunden. Ich befürchte, die verwendeten Preise sind alles andere als realistisch, was aber für die beabsichtigten Erläuterungen unerheblich ist.)

		MENGENSTÜCKLISTE				Dec 2021 BGS
Artikelnummer:	**0815**					
Bezeichnung:	**Damenfahrrad kpl.**			**Σ MEK:**	**161,69**	

Pos.	Artikel-nummer	Bezeichnung	Menge	ME	Preis/ ME [€]	Summe [€]
10	0703111	Felge	2,00	Stk.	11,00	22,00
20	0703112	Speiche	72,00	Stk.	0,22	15,84
30	0703113	Mutter für Speiche	72,00	Stk.	0,04	2,88
40	0703114	Hinterradnabe	1,00	Stk.	12,00	12,00
50	0703115	Vorderradnabe	1,00	Stk.	7,00	7,00
60	0703116	Radlager	4,00	Stk.	1,25	5,00
70	0703117	Zahnkranz hinten	1,00	Stk.	10,00	10,00
80	0703118	Schlauch	2,00	Stk.	1,90	3,80
90	0703119	Mantel	2,00	Stk.	4,20	8,40
100	0703120	Ventil	2,00	Stk.	0,35	0,70
110	0703121	Sattel	1,00	Stk.	13,50	13,50
120	0703122	Sattelstütze	1,00	Stk.	2,35	2,35
130	0703123	Lenker	1,00	Stk.	11,20	11,20
140	0703124	Handbremshebel	2,00	Stk.	6,35	12,70
150	0703125	Rahmenkopf	1,00	Stk.	7,95	15,00
160	0703126	Rahmenrohr 700mm	1,00	Stk.	11,20	11,20
...	....	....	.....	....	....	....

Die nun dargestellte **untergeordnete Mengenstückliste** beinhaltet wiederum die Einzelteile und ggf. Vorbaugruppen einer Unterbaugruppe, hier des Hinterrades. Dies lässt sich durch weitere Stücklisten solange nach unten fortsetzen, bis die Struktur des Produktes nicht mehr weiter aufgelöst werden kann. Diese Stückliste kann beispielsweise auch der Kalkulation von Ersatzteilen dienen:

MENGENSTÜCKLISTE						Dec2021 BGS
Artikelnummer:	**081504**					
Bezeichnung:	**Hinterrad kpl.**			**Σ MEK:**		**51,31**
Pos.	**Artikel-nummer**	**Bezeichnung**	**Menge**	**ME**	**Preis/ ME [€]**	**Summe [€]**
10	0703111	Felge	1,00	Stk.	11,00	11,00
20	0703112	Speiche	36,00	Stk.	0,22	7,92
30	0703113	Mutter für Speiche	36,00	Stk.	0,04	1,44
40	0703114	Hinterradnabe	1,00	Stk.	12,00	12,00
50	0703116	Radlager	2,00	Stk.	1,25	2,50
60	0703117	Zahnkranz hinten	1,00	Stk.	10,00	10,00
70	0703118	Schlauch	1,00	Stk.	1,90	1,90
80	0703119	Mantel	1,00	Stk.	4,20	4,20
90	0703120	Ventil	1,00	Stk.	0,35	0,35

Die nachfolgend gezeigte **Baukastenstückliste** enthält die Baugruppen und Einzelteile, die in das Fertigprodukt einfließen und dient der Endmontage des Damenfahrrades. Die aufgeführten Baugruppen könnten teilweise auch in die Endmontage eines Herrenrades einfließen:

		BAUKASTENSTÜCKLISTE				Dec2021 BGS
Artikelnummer:		0815				
Bezeichnung:		**Damenfahrrad kpl.**			Σ MEK:	161,69
Pos.	Artikel-nummer	Bezeichnung	Menge	ME	Preis/ME [€]	Summe [€]
10	081504	Hinterrad kpl.	1,00	Stk.	51,31	51,31
20	081509	Vorderrad kpl.	1,00	Stk.	36,31	36,31
30	081503	Rahmen f. Damenrad geschweißt	1,00	Stk.	78,91	78,91
40	081507	Lenker kpl.	1,00	Stk.	23,90	23,90
50	081502	Sattel kpl.	1,00	Stk.	15,85	15,85
60	081508	Mutter M8 verzinkt	4,00	Stk.	0,30	1,20
70	081505	Kette	1,15	m	4,80	5,52

Die zuletzt gezeigte **Strukturstückliste** gibt die gesamte Struktur eines Produktes über alle Fertigungsstufen in ihrem fertigungssystematischen Zusammenhang wieder:

			STRUKTURSTÜCKLISTE				Dec2021BGS
Artikelnummer:		0815					
Bezeichnung:		Damenfahrrad kpl.			Σ MEK:		161,69
Pos.	Artikel-nummer	Struktur-stufe	Bezeichnung	Menge	ME	Preis/ ME [€]	Summe [€]
10	**0815**	0	**Damenfahrrad kpl.**	**1,00**	**Stk.**	**161,69**	**161,69**
20	**81504**	1	**Hinterrad kpl.**	**1,00**	**Stk.**	**51,31**	**51,31**
30	0703111	2	Felge	1,00	Stk.	11,00	11,00
40	0703112	2	Speiche	36,00	Stk.	0,22	7,92
50	0703113	2	Mutter für Speiche	36,00	Stk.	0,04	1,44
60	0703114	2	Hinterradnabe	1,00	Stk.	12,00	12,00
70	0703116	2	Radlager	2,00	Stk.	1,25	2,50
80	0703117	2	Zahnkranz hinten	1,00	Stk.	10,00	10,00
90	0703118	2	Schlauch	1,00	Stk.	1,90	1,90
100	0703119	2	Mantel	1,00	Stk.	4,20	4,20
110	0703120	2	Ventil	1,00	Stk.	0,35	0,35
120	**081509**	1	**Vorderrad kpl.**	**1,00**	**Stk.**	**36,31**	**36,31**
130	0703111	2	Felge	1,00	Stk.	11,00	11,00
140	0703112	2	Speiche	36,00	Stk.	0,22	7,92
150	0703113	2	Mutter für Speiche	36,00	Stk.	0,04	1,44
160	0703115	2	Vorderradnabe	1,00	Stk.	12,00	12,00
170	0703116	2	Radlager	2,00	Stk.	1,25	2,50
180	0703118	2	Schlauch	1,00	Stk.	1,90	1,90
....	....		....	.....	.....	.....	.....

Auf tiefere Strukturstufen wurde verzichtet, da z.B. der aus weiteren Einzelteilen bestehende Zahnkranz oder das Radlager als Katalogteile komplett zugekauft und deshalb nicht weiter aufgelöst werden.

Anlage und Pflege (d.h. ständige Aktualisierung) von Stücklisten obliegen Konstruktion und Einkauf gleichermaßen. In Excel können die Stücklisten einer Produktgruppe über alle Baustufen verknüpft und zusammengefasst verwaltet werden. Diese Excel-Anwendung ist so typisch und simpel, dass sie oft als Beispiel für Schulungszwecke herangezogen wird.

Arbeitsplan

Der nachfolgend gezeigte Arbeitsplan gibt die Arbeitsgänge wieder, die zur Fertigung eines (Teil-) Produktes erforderlich sind, in diesem Beispiel das Hinterrad des Damenfahrrades. Den Arbeitsgängen sind die entsprechenden Rüst- und Fertigungszeiten, die Stundensätze sowie die zu verwendenden Betriebsmittel zugeordnet. Daraus können die Fertigungskosten des Loses sowie die Fertigungskosten pro Stück kalkuliert werden:

Jan2022BGS		***ARBEITSPLAN***				**Kosten**			
Artikelnummer:		081504				Σ Rüstkosten:			8,75
Bezeichnung:		**HInterrad kpl.**				Σ Bearbeitungskosten:			201,25
Auftragsstückzahl:		25				**Fertigungskosten:**			**210,00**
						Fertigungskosten pro Stück:			**8,40**
Pos.	**Arbeitsgang**	**Bezeichnung**	Arbeits-platz	Rüstzeit [min]	Ferti-gungs-zeit [min/Stk]	Stunden-satz [€/h]	Rüst-kosten [€]	Ferti-gungs-kosten [€]	
10	502345	Kommissionieren	Lager	5,00	1,00	28,00	2,33	11,67	
20	502346	Hinterrad kpl. moniteren	Montage	10,00	12,00	35,00	5,83	175,00	
30	502347	auf Schlag prüfen	Montage	1,00	1,00	35,00	0,58	14,58	

Die zu hinterlegenden Rüst- und Bearbeitungszeiten können durch Selbstaufschreibung oder qualifizierte Schätzungen ermittelt werden. Zeitaufnahmen nach REFA liefern genauere Ergebnisse und sind als Grundlage für entsprechende Entlohnungsmodelle unverzichtbar. In einem ersten pragmatischen Schritt kann man jedoch mit qualifizierten Schätzungen vorliebnehmen.

Die Stundensätze enthalten Löhne und Lohnneben-kosten. Eine gebräuchliche und pragmatische Berech-nungsmethode für den Stundensatz ist es, dem Brutto-lohn 70% Lohnnebenkosten zuzuschlagen.

Stückliste und Arbeitsplan sind zusammengehörende Dokumente. Ihre Verknüpfung ist Voraussetzung für die sogenannte Nettobedarfsermittlung. Dabei wird, in Abhängigkeit von den in einer Betrachtungsperiode benötigten Mengen an Endprodukten (Forecast oder Auf-tragsbestand), der Bedarf an Vormaterial berechnet. Diese Aufgabe, im Wesentlichen die Stücklistenauflösung über alle Strukturstufen, und daraus die Berechnung von Mengen und Terminen für Einzelteile und Vorbaugrup-pen, bleibt datenbankbasierten Materialwirtschaftssyste-men vorbehalten. Eine Übersichtsdarstellung des Netto-bedarfs von ausgewählten Artikeln ohne Stücklistenauf-lösung auf Excel-Basis sehen Sie im Kapitel 7. *Logistik – 5 mal R.*

Maschinenstundensatz

Der Maschinenstundensatz wird bei Produktionsstrukturen mit hohem Maschineneinsatz bzw. hohem Automatisierungsgrad verwendet. Der geringere Fertigungslohnanteil an den Gesamtkosten verliert dort seine Berechtigung als alleinige Basis für die Zuschlagskalkulation.

Der Maschinenkostensatz stellt eine alternative Zurechnungsmöglichkeit dar. Bei der Anwendung des Maschinenstundensatzes wird nach maschinenabhängigen und nicht-maschinenabhängigen Gemeinkosten unterschieden. Nur die maschinenabhängigen GK werden der Maschine zugeordnet. Die maschinenunabhängigen GK (Verwaltung, Meisterkosten usw.) verbleiben bei den allgemeinen Gemeinkosten. Das Kalkulationsschema sieht beispielsweise folgendermaßen aus:

Maschinenstundensatz 1-Schicht	CNC-Bearbeitungszentrum		
Kosten		[€/a]	[€/h]
Wiederbeschaffungskosten [€]	125.000,00		
Nutzungsdauer ohne Restwert [a]	5,00		
Auslastung [h/a]	2.160		
kalkulatorische Zinsen [%/a] (1/2 Kaufpreis)	6,50	4.062,50	1,88
lineare Abschreibung		25.000,00	11,57
anteilige Raumkosten		4.800,00	2,22
Wartung und Instandhaltung		13.200,00	6,11
Energiekosten			12,80
Maschinenkostensatz			**34,59**
Dec2021BGS			

Der produkt- oder auftragsspezifische Werkzeugverbrauch der Maschine ist keine Position der Maschinenstundenkalkulation, sondern findet sich bei den Sondereinzelkosten der Fertigung wieder. Das Gleiche würde auch für die Energiekosten gelten, sofern der Energieverbrauch produkt- oder auftragsspezifisch unterschiedlich hoch, d.h. nicht pro Laufzeitstunde immer gleich ist.

Je höher die Auslastung einer Maschine, desto sinnvoller ist ihr Einsatz. Insbesondere beim Unterschied zwischen ein- und mehrschichtigem Betrieb wird dies deutlich. Zum Vergleich ist der Kostensatz der gleichen Maschine nochmal im 2-Schichtbetrieb (mit erhöhtem Wartungsaufwand) dargestellt. Überhöht wird das Ergebnis noch dadurch, dass eine bereits vollständige Abschreibung vorausgesetzt wird:

Maschinenstundensatz 2-Schicht	CNC-Bearbeitungszentrum		
Kosten		[€/a]	**[€/h]**
Wiederbeschaffungskosten [€]	1,00		
Nutzungsdauer ohne Restwert [a]			
Auslastung [h/a]	4.000		
kalkulatorische Zinsen [%/a] (1/2 Kaufpreis)	6,50	0,03	0,00
lineare Abschreibung		0,00	0,00
anteilige Raumkosten		4.800,00	1,20
Wartung und Instandhaltung		22.500,00	5,63
Energiekosten			12,80
Maschinenkostensatz			**19,63**
Dec2021BGS			

Wer beispielsweise eine neu angeschaffte Maschine betreibt, deren einschichtige Auslastung sich bereits als schwierig erweist, und sich obendrein mit Mitbewerbern oder Fremdfertigern vergleichen muss, die im Zweischichtbetrieb auf abgeschriebenen Maschinen kalkulieren können, muss seinen Wunsch nach mehr eigener Fertigungstiefe oft als falsch motiviert erkennen, sobald eine realistische kalkulatorische Entscheidungsgrundlage vorliegt. Siehe hierzu auch die Anmerkungen zum Deckungsbeitrag weiter oben in diesem Kapitel.

Die Sondereinzelkosten von Fertigung und Vertrieb ergeben sich aus dem Auftrag bzw. der Serie.

Bleibt noch die Ermittlung der zur Berechnung der Gemeinkosten erforderlichen Zuschlagsätze.

Die größte Hürde: Ermittlung der Zuschlagsätze

Aufwändig: Über den **Betriebsabrechnungsbogen Bab**, ein Instrument der betrieblichen Kostenrechnung, können die zur Selbstkostenberechnung erforderlichen prozentualen Zuschlagsätze ZS ermittelt werden. Die Anwendung des Bab ist aufwändig und muss durch z.B. die Ermittlung verschiedener Verteilungsschlüssel und die Durchführung der Betriebsergebnisrechnung vorbereitet werden.

Pragmatisch: Falls der Betriebsabrechnungsbogen keine Verwendung findet – die Zuschlagsätze also nicht vom Controlling bereitgestellt werden – gibt es zur Ermittlung der Zuschlagsätze einen anderen, verhältnismäßig einfachen Ansatz (siehe Tabelle Beispiel Berechnung der Zuschlagsätze):

Zunächst ergibt sich für die Zuschlagsätze:

$$ZS_{MK} = MGK / MEK$$
$$ZS_{FK} = FGK / FEK$$
$$ZS_{Vt} = VtGK / HK$$
$$ZS_{Vw} = VwGK / HK$$

Weiter kann man der **Gewinn- und Verlustrechnung GuV** die Summen der

- **Einzelkosten EK**
- **Gemeinkosten GK**
- **Herstellkosten HK**
- **Selbstkosten SK**

entnehmen. Die dort aufgeführten Aufwendungen werden dann nach Einzel- und Gemeinkosten den Kostenstellen

- **Lager**
- **Fertigung**
- **Vertrieb**
- **Verwaltung**

nach einem *bestmöglich geschätzten,* prozentualen Aufteilungsschlüssel zugeordnet:

Beispiel Berechnung der Zuschlagsätze

Kostenarten (Aufwendungen aus GuV)	T€	Aufteilung [%]						Aufteilung [T€]					
		Material		Fertigung		Verw.	Vertr.	Material		Fertigung		Verw.	Vertr.
		MEK	MGK	FEK	FGK	VwGK	VtGK	MEK	MGK	FEK	FGK	VwGK	VtGK
Rohstoffe	300	100%						300					
bezogene Waren	80	100%						80					
bez. Leistungen	50			100%						50			
Betriebsstoffe	20		25%		75%				5		15		
Löhne/Gehälter	300		10%	50%	25%	10%	5%		30	150	75	30	15
Abschreibungen	100		20%	55%	15%	5%	5%		20	55	15	5	5
Raumkosten	120		35%		35%	20%	10%		42		42	24	12
Instandhaltung	160		10%		80%	5%	5%		16		128	8	8
Fuhrpark	100		15%		5%	20%	60%		15		5	20	60
Reisekosten	20					5%	95%					1	19
sonstige Kosten	12		25%		25%	25%	25%		3		3	3	3
Σ Selbstkosten =	1.262												

Σ MEK = 380
Σ MGK = 131
Σ FEK = 205
Σ FGK = 333
Σ VwGK = 91
Σ VtGK = 122

HK = MEK + MGK + FEK + FGK = 1.049

ZS_{MK} = Σ MGK / Σ MEK = 131/380 * 100% = **34%**

ZS_{FK} = Σ FGK / Σ FEK = 333/205 * 100% = **162%**

ZS_{Vt} = Σ VtGK / HK = 91/1.049 * 100% = **9%**

ZS_{Vw} = Σ VwGK / HK = 122/1.049 * 100% = **12%**

BS02Dec2004

115

Mit den so ermittelten Zuschlagsätzen können über das oben vorgestellte Kalkulationsschema Herstellkosten, Selbstkosten und damit Angebotspreise berechnet werden. Eine gewisse Unschärfe kann den so ermittelten Zuschlägen zwar innewohnen, aber angesichts der ohnehin gegebenen und bekannten Schwächen der Zuschlagskalkulation dürfte dies kein starkes Argument gegen diese pragmatische Vorgehensweise liefern. Selbst eine unscharfe Kalkulation ist besser als keine.

Die Optimierung der Produktionskosten setzt eine zumindest grobe Kenntnis der Kostenstruktur voraus. Auch hier liefert die gezeigte Vorgehensweise, besonders durch die Berechnung der Zuschlagsätze, erste Ansatzpunkte. Ein tieferer Einstieg in die betriebliche Kostenrechnung ist hierfür aber unerlässlich.

Eigenfertigung vs Fremdfertigung:

Kosten für Eigenfertigung setzen sich zusammen aus Fixkosten und variablen Kosten. Die Kosten für Fremdbezug sind i.A. als rein variabel zu betrachten. Grafisch sieht dies folgendermaßen aus:

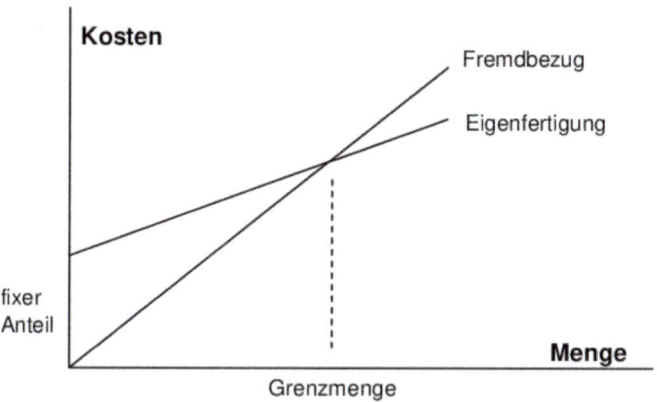

Erst die Kenntnis der eigenen Kosten ermöglicht die Kalkulation der Grenzmenge und damit eine fundierte Entscheidung über Eigen- oder Fremdbezug. Darüber hinaus gibt es noch eine Reihe weiterer, nicht so einfach zu quantifizierende Einflüsse. Zum Beispiel verfügen Fremdfertiger im Allgemeinen über jene Erfahrungen, die dem Eigenfertiger noch viel Lehrgeld abverlangen. Oder die eigene Infrastruktur eignet sich wenig zur Investition in entsprechende Betriebsmittel. Und so weiter.

Noch eine Überlegung: Wer daran denkt, seine Ertragssituation zu verbessern, sollte, außer Make-or-buy-Überlegungen anzustellen, auch bedenken, dass die eigene Kernkompetenz i.A. nicht in der Fertigung von Teilen liegt, für die spezialisierte Dienstleister verfügbar sind.

Sie liegt eher:

- *im eigenen Produkt mit möglichst vielen Alleinstellungsmerkmalen gegenüber dem Wettbewerb und*

- *im eigenen Marktzugang.*

Mitunter ist es sinnvoller, Brainpower und Geld in diese Aktivitäten zu investieren. Und an die kontinuierliche Verbesserung aller Prozesse sei in diesem Zusammenhang nochmals nachdrücklich erinnert.

Auf den Punkt

- Ohne Kenntnis der Herstellkosten am Markt zu agieren ist gefährlich.
- Ohne Kostenkenntnis keine Kostenoptimierung.
- Stücklisten und Arbeitspläne sind eine elementare Datenbasis im Produktionsbetrieb und dienen vielen unterschiedlichen Zwecken.

Leadership

- Der Chef setzt Standards für Stücklisten und Arbeitspläne sowie die Kalkulation der Herstellkosten und bestimmt dafür Hutträger.

---

10. FMEA – künftige Fehler vorhersehen

FMEA = Fehler**M**öglichkeiten- und **E**influss**A**nalyse

Die meisten Fehler, die an Produkten auftreten, sind von ihrer Art her keine Überraschung. Im Grunde oft eher eine Bestätigung. Nur, dass man eben vorher nicht daran gedacht hatte.

Gerade da setzt die FMEA an: Fehler vorher *denkbar* machen. Lange bevor sie auftreten, bereits bei der Entwicklung oder Veränderung von Produkt und Produktionsprozess. Um beides dann so zu gestalten, dass sie nicht auftreten, oder zumindest rechtzeitig entdeckt werden können.

Die ursprüngliche, pragmatische FMEA aus den Achtzigern, mit einfachem Ablauf und einem dazu passenden, einfachen Formblatt, wurde im Laufe der Jahre erheblich weiterentwickelt und mit zusätzlichen und zum Teil zweckfremden Funktionen versehen. Das Ergebnis hat mittlerweile für manchen Einsteiger eine komplexe Anmutung mit Vermeidungspotential.

Hier wird deshalb die 'Urform' der FMEA vorgestellt. Ob oder welche genormte Fassung der FMEA Verwendung finden soll oder muss, mag der Anwender, abhängig von den Anforderungen seines Industriezweiges, selbst beurteilen. In vielen Bereichen der Wirtschaft, besonders in der Automobil- und Automobilzulieferindustrie, ist die

FMEA ein zentrales und geradezu exzessiv genutztes Instrument der Qualitätsvorausplanung und in zahlreichen Normen fest- und vorgeschrieben. Bei der Durchführung der FMEA müssen rechtliche und vertragliche Randbedingungen im Blick behalten werden.

Prozess-FMEA

Betrachten wir zunächst die Prozess-FMEA zur Analyse in Planung oder Änderung befindlicher Prozesse. Sie untersucht mögliche Fehler am Produkt, die durch ungeeignete, unzuverlässige oder fehlerhafte Herstellschritte verursacht werden.

Es werden
- *Auftretenswahrscheinlichkeit dieser Fehler,*
- *Auswirkung der Fehler für den Kunden, sowie die*
- *Entdeckungswahrscheinlichkeit der Fehler vor Auslieferung*
beurteilt.

Die Ursachen der Prozessfehler werden ermittelt und Vermeidungsmaßnahmen definiert.

Vorgehen

Stellen Sie ein Team zusammen (z.B. Konstruktion, Fertigung, Qualitätssicherung usw.) und bestimmen Sie einen

Moderator. Gehen Sie ins Gemba (jap.), an den Ort der Prozesse, und lernen Sie Ihre Prozesse kennen, hier besonders jene, die den neu geplanten ähnlich sein oder ihnen zugrunde liegen können.

Strukturieren und detaillieren Sie die Prozessbeschreibung zur Herstellung des neuen Produktes so genau wie möglich und dokumentieren Sie diese. Die Basis für die Prozess-FMEA ist die Prozessbeschreibung.

Und dann stellen Sie sich systematisch immer wieder die gleiche Frage:

Welche Fehler am Produkt können durch die einzelnen Prozessschritte verursacht werden?

Setzen Sie sich keine Grenzen und tragen Sie alles zusammen, was Ihnen und Ihrem Team an möglichen Fehlern einfällt. Lassen Sie alles zu und entwickeln Sie einzelne Ideen systematisch weiter. Machen Sie ein Fehler-Brainstorming.

Prozessschritt und Fehlerart

Tragen Sie in der linken Spalte des Formblattes den Prozessschritt ein und ordnen Sie diesem in der nächsten Spalte die denkbaren Fehlerarten zu. Beispielhaft wird hier für jeden der beiden betrachteten Prozessschritte zum Einbau eines Fahrradvorderrades nur ein möglicher

Fehler beschrieben und untersucht. Denkbar und eher die Regel sind für jeden Prozessschritt jedoch eine Vielzahl und im Idealfall alle unterschiedlichen Fehlerarten.

Auswirkungen

Schätzen Sie die Auswirkungen ab, welche die einzelnen Fehlerarten für den Kunden haben können. Das Spektrum reicht von Belanglosigkeiten bis hin zu katastrophalen Unfällen, Umwelt- oder Vermögensschäden. Tragen Sie eine stichpunktartige Beschreibung ein. Die Auswirkungen können durch keinerlei Maßnahmen aus der FMEA geändert werden.

Ursachen

Im ersten der beiden betrachteten Prozessschritte ist die lichte Weite zwischen den Bremsbacken kein konstruktiver Mangel und auch kein Prozessfehler. Die Ursache des Fehlers besteht darin, dass der Prozess zunächst nicht in geeigneter Weise auf diese Einbausituation eingeht.

Im zweiten Prozessschritt besteht die Ursache des Fehlers darin, dass kein zuverlässiger Montageschritt für das Erreichen und Überprüfen des spezifizierten Anzugsmoments definiert ist. Der Werker handhabt einen Ringschlüssel nur nach seiner Erfahrung.

Falls das Lockern der Muttern auf ein Anzugsmoment zurückzuführen ist, das zwar spezifikationsgemäß eingestellt wurde, aber dennoch nicht ausreicht, liegt der Fehler nicht am Prozess, sondern in der konstruktiven Auslegung der Schraubverbindung. Damit diese Situation nicht eintritt, muss eine abgeschlossene Konstruktions-FMEA vorausgesetzt werden, siehe dazu den nächsten Punkt *Konstruktions-FMEA.*

Beispiel: Prozess-FMEA Schraubverbindung Fahrrad-gabel/Vorderrad

Fehlermöglichkeiten- und Einfluss-Analyse FMEA ☐ Konstruktions-FMEA ■ Prozess-FMEA

Feb2022BGS			
Artikelnr.: 0815	Bezeichnung: Damenrad kpl.	Arbeitssyst.: Montageplatz VM1	Bearbeiter: Hr. Müller	Datum: 01.04.2199

Funktions-merkmal/ Prozess-schritt	Fehlerart	Auswirkung	Ursache	Ist - Zustand					Empfohlene Verbesserungs-maßnahme	Termin/ Verantwort-lich	Verbesserter Zustand				
				Vermei-dungs-/ Entde-ckungs-maßnahme	Auftreten	Bedeutung	Entdeckung	Risiko-Priori-täts-zahl RPZ			umgesetzte Verbesse-rungs-maßnahme	Auftreten	Bedeutung	Entdeckung	Risiko-Priori-täts-zahl RPZ
vormon-tiertes Vorderrad einsetzen	schwarzer Gummi-abrieb von Bremsbacken auf Mantel	keine Einschrän-kungen oder Gefahren, evtl. Reklamation	Lichte Weite zwischen Brems-backen, Einbau-situation	visuelle Kontrolle	10	3	2	60	Montage des linken Bremsklotzes erst nach Einbau des Vorderrades	Hr. Huber 10.04.2199	Aufpumpen des Vorderrades erst nach der Endmontage	2	3	2	12
2x Vorderrad-mutter M8 anschrauben und mit Ring-schlüssel anziehen	Muttern lösen sich	Verlust des Vorderrades, Personen-schaden, finanzieller Folge-schaden	festgelegtes Anzugs-moment nicht erreicht	keine	4	10	10	400	Drehmoment-schlüssel verwenden	Hr. Huber 10.04.2199	Abschalt-schrauber mit Drehmoment-dokumenta-tion eingesetzt	1	10	1	10

Wahrscheinlichkeit des Auftretens A		Schwere des Fehlers, Bedeutung B		Wahrscheinlichkeit der Entdeckung E	
1	unwahrscheinlich	1	kaum wahrnehmbar	1	hoch
2 - 3	sehr gering	2 - 3	unbedeutend, gering	2 - 3	mäßig
4 - 6	gering	4 - 6	mäßig	4 - 6	gering
7 - 8	mäßig	7 - 8	schwer	7 - 8	sehr gering
9 - 10	hoch	9 - 10	sehr schwer	9 - 10	unwahrscheinlich

124

Entdeckungsmaßnahmen

Die Entdeckungsmaßnahmen sollen den Fehler auf-
decken, bevor das Produkt den Kunden erreicht, d.h. im
Normalfall durch Prüfmaßnahmen während oder am
Ende des Herstellprozesses. Die Entdeckungsmaßnahmen sollten dabei nicht die einzigen Maßnahmen
sein, die ergriffen werden. Zum einen sind sie immer der
wirtschaftlich ungünstigere Weg, zum anderen sind bei
schwerwiegenden Fehlerfolgen die Restrisiken immer
noch zu groß (siehe hierzu Erläuterungen bei der RPZ).

Auftreten A

Hier handelt es sich um die quantitative Bewertung der
Auftretenswahrscheinlichkeit des betrachteten Fehlers (1
bis 10, siehe hierzu Bewertungstabelle im Formblatt). Die
Reduzierung der Auftretenswahrscheinlichkeit ist der
wirtschaftlich sinnvollste Verbesserungsansatz.

Bedeutung B

Die Bedeutung B des Fehlers stellt eine Beurteilung der
Auswirkungen für den Kunden dar (1 bis 10 gem. Formblatt). Siehe hierzu auch die Ausführungen bei *Auswirkungen*. Die Bedeutung B eines Fehlers für den Kunden
wird sich durch die FMEA nicht ändern.

Entdeckung E

Hierbei handelt es sich um die Bewertung der Wahrscheinlichkeit, mit der der Fehler durch die zunächst vorhandenen oder geplanten Entdeckungsmaßnahmen (Prüfungen usw.) vor Auslieferung des Produktes gefunden werden kann. (Eine verbesserte Entdeckung ist zwar wichtig, eine Reduzierung des Auftretens jedoch wirtschaftlich sinnvoller, denn ein bereits aufgetretener Fehler erfordert immer eine Nacharbeit, im Gegensatz zu einem vermiedenen.)

Risikoprioritätszahl RPZ

Die Risikoprioritätszahl RPZ ist das Produkt aus Auftreten, Bedeutung und Entdeckung eines Fehlers und liegt zwischen 1 und 1.000:

$$RPZ = A \times B \times E$$

Je höher die RPZ, desto höher die Priorität bei der Verbesserung der einzelnen Fehlerarten. Durch die Umsetzung von Maßnahmen soll sich bei der Risikoneubewertung eine niedrigere RPZ ergeben. Grenzwerte für die RPZ gibt es nicht. Eine Vorgehensweise kann z.B. sein, eine RPZ von 125 zu akzeptieren, sofern gleichzeitig alle drei Werte für A, B und E ≤ 7 sind. Eigenfestlegungen sind möglich und oft sinnvoll. Branchenabhängig kann es vorgeschriebene Bewertungstabellen und andere Anwendungszwänge geben.

Ein immer wieder genannter Kritikpunkt der RPZ ist, dass z.B. Fehler mit hoher Bedeutung B zu einer niedrigen RPZ führen können, wenn Auftreten A niedrig und Entdeckung E hoch eingeschätzt werden. Also ein selten auftretender und gut zu entdeckender Fehler, dessen Autreten katastrophale Auswirkungen beim Kunden hat, zum Beispiel:

A: 3
B: 10   **RPZ = 90**
E: 3

Eine niedrige RPZ suggeriert eine relative Bedeutungslosigkeit, ähnlich einem selten auftretenden, harmlosen Fehler, der aber unentdeckt zum Kunden gelangen und ebenfalls eine RPZ = 90 haben kann. Eine sichere Bewertung des absoluten Risikopotentials ist also durch die alleinige Betrachtung der RPZ nicht möglich. Trotz gleicher RPZ müssen solche Fehlerarten unterschiedlich gehandhabt werden, unter Berücksichtigung der vorliegenden Ausprägungen von A, B und E. Hier ist eine verantwortungsvolle, flexible Haltung gefragt, kein stures Beharren auf den Zahlenwerten. Die Frage nach der eigenen Risikobereitschaft hinsichtlich der Folgen, die das Herantragen von (verdeckten) Risiken an den Kunden für das eigene Unternehmen (und die Person des Unternehmers) haben kann, fordert verantwortungsvolle Beantwortung.

(Hinweis: Im FMEA-Handbuch nach VDA/AIAG wurde die FMEA 2019 in ein neues Format gebracht. In diesem Zuge wurde die Aufgabenpriorität AP eingeführt, welche alle 1000 Kombinationsmöglichkeiten von A, B und E in anpassbare Tabellen einordnet und mit den Prioritäten Hoch, Mittel und Niedrig versieht. Die RPZ gilt dadurch als abgelöst. Bei Werten von 9 und 10 bei der Bedeutung B und gleichzeitig bei einer Aufgabenpriorisierung von Mittel und Hoch soll das Management in die Beurteilung der Risikosituation einbezogen werden. Die Auseinandersetzung mit dieser Entwicklung und die Einbeziehung der Aufgabenpriorität AP in die FMEA ist dem Leser zu empfehlen.)

Empfohlene und umgesetzte Verbesserungsmaßnahme

Bei der Umsetzung der Verbesserungsmaßnahmen wird häufig von der zunächst empfohlenen Lösung abgewichen. Daher gibt es für die umgesetzte Maßnahme eine eigene Spalte. Nach Bearbeitung und Umsetzung der Maßnahmen wird in der letzten Spalte eine Neubewertung des Risikos vorgenommen. Bei zu geringem Verbesserungseffekt muss der letzte Schritt wiederholt werden.

Die Prozess-FMEA sollte vor Beginn der Auslieferung abgeschlossen sein und bei jeder Design- und/oder Prozessänderung (auch bei neuen Erkenntnissen aus dem Feld, bei Gesetzesänderungen usw.) und beim Auftreten von Fehlern wieder aufgenommen werden.

Konstruktions-FMEA (Design-FMEA, K-, D-FMEA)

Hier wird das gleiche Formblatt wie bei der Prozess-FMEA verwendet.

Zu Beginn der Entwicklung eines Produktes (oder bei konstruktiven Änderungen, z.b. Modellwechsel o.ä.) gibt es eher klare Vorstellungen vom Ergebnis, weniger eine strukturierte Vorgehensweise zur Erarbeitung klarer Vorgaben für Entwickler und Konstrukteure.

Üblicherweise sollten die Anforderungen an das Produkt (aus der Beschreibung des Auftraggebers oder des Vertriebes) in einem Lastenheft erfasst werden. Durch die Erarbeitung eines Lösungskonzeptes zur Darstellung der gewünschten Produkteigenschaften entsteht ein Pflichtenheft, welches (nach Annahme durch den Auftraggeber) der Produktentwicklung und damit der Konstruktions-FMEA zugrunde liegt.

Die Konstruktions-FMEA untersucht Punkt für Punkt des Pflichtenheftes, welche konstruktionsimmanente Schwächen und Fehler des Produktes vorliegen können.

(Das mögliche Lockern der Schraubverbindung wird hier also durch konstruktive Schwächen verursacht, im Gegensatz zu dem durch Mängel am Herstellprozess hervorgerufenen Fehler, siehe hierzu den Punkt *Prozess-FMEA*.)

Beispiel: Konstruktions-FMEA Schraubverbindung Fahrradgabel/Vorderrad

Fehlermöglichkeiten- und Einfluss-Analyse FMEA ■ Konstruktions-FMEA □ Prozess-FMEA

Feb2022BGS

Artikelnr.: 0815	Bezeichnung: Damenrad kpl.	Arbeitssyst.: Konstruktion	Bearbeiter: Hr. Zanker	Datum: 01.02.2199

Funktions-merkmal/ Prozess-schritt	Fehlerart	Auswirkung	Ursache	Ist - Zustand					Empfohlene Verbesse-rungs-maßnahme	Termin/ Verantwort-lich	Verbesserter Zustand				
				Vermei-dungs-/ Entde-ckungs-maßnahme	Auftreten	Bedeutung	Entdeckung	Risiko-Priori-täts-zahl RPZ			umgesetzte Verbesse-rungs-maßnahme	Auftreten	Bedeutung	Entdeckung	Risiko-Priori-täts-zahl RPZ
Schraub-verbindung, Vorderrad in allen Belastungs-situationen in der Vorderrad-gabel fixieren	Schraubver-bindung lockert sich	Vorderrad geht verloren, Unfall	Unterdimen-sionierung der Schraubver-bindung	Konstruktion nach Richtlinie	10	10	3	300	selbst-sichernde Mutter verwenden	Hr. Maier 10.02.2199	Welle verlängert, Muttern mit höherer Gewinde-länge verwendet	2	10	3	40

Wahrscheinlichkeit des Auftretens A		Schwere des Fehlers, Bedeutung B		Wahrscheinlichkeit der Entdeckung E	
1	unwahrscheinlich	1	kaum wahrnehmbar	1	hoch
2 - 3	sehr gering	2 - 3	unbedeutend, gering	2 - 3	mäßig
4 - 6	gering	4 - 6	mäßig	4 - 6	gering
7 - 8	mäßig	7 - 8	schwer	7 - 8	sehr gering
9 - 10	hoch	9 - 10	sehr schwer	9 - 10	unwahrscheinlich

131

Eine Bewertung von 9 oder 10 bei der Bedeutung B ist inakzeptabel. Das Produkt muss in diesem Punkt zwingend geändert werden, um die Gefährdung zu beseitigen. Bei bereits auf dem Markt befindlichen Produkten ist ein Produktionsstop bzw. Rückruf angezeigt.

Auf den Punkt

- Die FMEA (Fehlermöglichkeiten- und Einflussanalyse) vermeidet Fehler, bevor sie entstehen.
- Die FMEA senkt Fehlerfolgekosten.

Leadership

- Der Chef macht die Anwendung der FMEA in der Entwicklung von Produkt und Prozess zum verbindlichen Standard.

Unabhängig von systematischer Fehlervermeidung durch Vorüberlegungen gibt es einen weiteren wichtigen Ansatz, um Qualität auf den Markt zu bringen: Man probiert am Prototyp aus, was man konstruiert hat, bevor man es baut! Das gilt für Produkt und Prozess. Die FMEA liefert Anhaltspunkte und Vorgaben für die Planung von Tests und Testreihen. Aber angesichts der Tatsache, dass im Mittelstand überwiegend keine FMEA´s erstellt werden, fällt umfangreichen und möglichst systematischen Tests eine hohe Bedeutung zu. Und da in der Realität Tests oft auf ein Minimum beschränkt bleiben, verlagern sie sich in das sogenannte *Feld*: zum Kunden!

11. 8-D – gemachte Fehler nicht wiederholen

Nochmal zur Erinnerung: Fehler werden immer vom System provoziert. Der Glaubenssatz, dass Fehler primär von Mitarbeitern verursacht werden, steht der Verbesserung des Systems im Weg.

Die 8-D-Methode ist ein aus acht Schritten (**D**isziplinen) bestehendes Verfahren, welches bei Kundenreklamationen zur Identifizierung von Fehlerursachen und deren Beseitigung angewandt werden kann. Da die Prozesskette im eigenen Haus ebenfalls als Kunden-Lieferanten-Beziehung aufgefasst werden kann, eignet sich die 8-D-Methode auch für die Beseitigung von Fehlern, die intern reklamiert werden. Die standardisierte Dokumentation der acht Schritte wird als *8-D-Report* bezeichnet. Kunden erwarten nach Reklamationen oft die Vorlage eines solchen Reports. Wie die FMEA gehört auch die 8-D-Methode in der Automobilindustrie zu den in einschlägigen Normen festgeschriebenen Standardprozeduren.

Bagatellfehler mit offensichtlichen Ursachen sind hier nicht gemeint (z.B. Transportschäden). Diese Ursachen werden so schnell wie möglich beseitigt.

Üblicherweise glaubt man, zwischen zufälligen Einzelfehlern einerseits, und systematischen Fehlern, also Fehlern am Produktdesign oder am Prozess andererseits, unterscheiden zu können. Oft werden Fehler zunächst als einmalige Einzelfehler eingestuft, interessanterweise auch dann, wenn die Fehlerursache unbekannt ist. Eine Suche nach der Ursache findet nur vordergründig oder überhaupt nicht statt. Man unterliegt der Auffassung oder der Hoffnung, der Prozess sei in Ordnung.

Systematische Fehler treten i.A. wiederholt auf, wodurch die Vermutung zulässig ist, dass sie auf Mängeln am Prozess oder am Design beruhen. Beides müsste nun untersucht werden. Oft werden diese systematischen Fehler aber als Aneinanderreihung von Einzelfehlern aufgefasst, um die Auseinandersetzung mit den Ursachen vermeiden zu können. Dafür gibt es oft keine Routinen. Die 8-D-Methode ist eine einfache und effektive Vorgehensweise zur Beseitigung von Fehlerursachen.

D1: Teamzusammenstellung

Das Team besteht aus einem Teamleiter und Mitgliedern aus jenen Fachabteilungen, die mutmaßlich zur Lösung des Problems beitragen können. Zur Lösung können Ressourcen und Befugnisse erforderlich sein, über welche das Team oder der Teamleiter verfügen können soll.

D2: Problembeschreibung

Das Problem muss präzise erfasst und so umfangreich wie nötig als Soll-/Ist-Abweichung beschrieben werden. Dazu können folgende Fragen gestellt werden: welches Produkt/Produkte, Lokalisierung am Produkt oder Prozess, welche Soll-/Ist-Abweichung, erstes Auftreten, zeitlicher Verlauf, Häufigkeit, Folgewirkungen usw..

D3: Sofortmaßnahmen

Sofortmaßnahmen dienen dazu, weiteren Schaden zu vermeiden, sowohl beim Kunden, als auch im eigenen Haus. Dazu gehört die Information des Kunden und aller anderen betroffenen Stellen, Ersatzlieferungen, Rückholungen, Aussortieraktionen oder auch ein Produktionsstopp.

D4: Ermittlung der Fehlerursache

Oft gibt es schon Vermutungen über die Fehlerursache, denen systematisch nachgegangen werden kann. Fehler im Design des Produktes, am Produktionsprozess, in der Zulieferkette oder sonstige organisatorische Schwächen und auch menschliche Einflüsse werden in Betracht gezogen. Es muss beantwortet werden, warum der Fehler aufgetreten ist, warum er nicht entdeckt und nicht verhindert werden konnte. Es ist empfehlenswert, sich mit der 5-Why-Methode oder dem Ishikawa-Diagramm zu befassen, um für solche Aufgabenstellungen mehr Systematik in die Vorgehensweise zu bringen.

	8-D-Report	
Feb2022BGS		
Reklamtions- titel:	**Ausfall Lampennetzteil**	**Reklamationsdatum: 25.06.2099**
Teilebezeichnung/ Artikelnummer:	**Lampennetzteil 150 Watt; Art.-Nr.: 0815**	
D 1	*Team*	Teamleiter: **Fr. Gruber** Teammitglieder: **Hr. Müller, Hr. Meier, Fr. Weber**
D 2	**Problem- beschreibung**	Rücksendung aus Lieferung vom 23.05.2099, 19 Netzteile ohne Funktion (24% Ausfall), Verfärbungen am Stecksockel vonThyristor Th1, leichter Brandgeruch wahrnehmbar.
		weitere Bearbeitung durch: Elektronikentwicklung, 8D-Team
D 3	*Sofortmaß- nahmen*	Produktionsstopp; Rückruf aller Geräte der Charge
		Umsetzungsdatum: 26.06.2099; Wirksam: 100%
D 4	**Ermittlung der Fehlerursache**	Kalte Lötstelle am Stecksockel von Th1, Überhitzung durch Übergangswiderstand, ursächlich Temperaturverlauf an Schwallötanlage
		Wahrscheinlichkeit zutreffend: 90%
D 5	**Planung der Abstell- maßnahme**	Überprüfung und Änderung des Temperaturprofils der Schwallötanlage
		Wirksamkeit und Freigabe: Verifikation durch Vorserie
D 6	**Umsetzung der Abstell- maßnahme**	Programmierung des neuen T-Profils und Neustart der Serienproduktion, Nacharbeit der gesamten Charge
		Wirksamkeit und Freigabe: Verifikation in der Serie
		Umsetzungsdatum: 05.07.2099 Wirksamkeit: 100%
D 7	**Fehlerwieder- holung verhindern**	Änderung der Prozessbeschreibungen. Dokumentation des Temperaturprofils zu Beginn jeder neuen Charge. Standardisierung: Ähnliche Prozesse auf ähnliche Fehler überprüfen
		Eingang in: K-FMEA ☐ P-FMEA ■
		Umsetzungsdatum: 05.07.2099
D 8	**Abschluss**	Erfahrungsaustausch
		Abschlussdatum: 07.07.2099

D5: Planung und Verifizierung der Abstellmaßnahme

Geeignete Maßnahmen sind zielgerichtete Veränderungen am Produkt oder am Produktionsprozess sowie die Eliminierung sonstiger Einflüsse. Mitarbeiterschulungen sind ein Ansatz, der sich großer Beliebtheit erfreut, den Ansprüchen aus dieser Aufgabenstellung aber i.A. nicht gerecht wird.

Hier ist eher die Empfehlung angebracht, sich mit dem Poka-Joke-Prinzip zu befassen. Es steht dafür, sowohl das Produkt als auch den Prozess so zu gestalten, dass Fehler und Folgefehler gar nicht erst auftreten können. (Z.B. kann ein *falsch herum* ausgeschlossen werden, indem durch entsprechende konstruktive Gestaltung der Bauteile ein falscher Zusammenbau gar nicht möglich ist. Ein gutes Beispiel dafür sind Ü-Eier-Spielzeuge (kinder Überraschung der Fa. Ferrero). Und auch ein Prozess kann so gestaltet werden, dass nur durch Einhaltung der festgelegten Reihenfolge der Prozessschritte ein Fortschritt im Ablauf überhaupt möglich ist. Ein Beispiel hierfür sind Geldautomaten. Der Prozessschritt des Geldentnehmens ist nur möglich, wenn vorher der Prozessschritt des Entnehmens der Bankkarte abgeschlossen wurde. Der befürchtete Prozessfehler – der Verbleib der Bankkarte im Kartenleser – kann nicht auftreten.)

Die Wirksamkeit der Maßnahmen muss vor Einführung nachgewiesen werden.

D6: Einführung und Bewertung der Maßnahme

Die als geeignet erkannte Maßnahme wird umgesetzt, die Wirksamkeit verifiziert und dokumentiert. Zuletzt werden die unter D3 eingeführten Sofortmaßnahmen zurückgesetzt.

D7: Fehlerwiederholung verhindern

Nach Möglichkeit werden die umgesetzten Maßnahmen in die zugrunde liegenden Konstruktions- oder Prozess-FMEA´s aufgenommen. Um ein Wiederauftreten des gleichen Problems bei anderen, vergleichbaren Produkten oder Prozessen zu verhindern, wird eine möglichst unternehmensweite Standardisierung der Maßnahmen angestrebt, welche in Konstruktionsrichtlinien, Werksnormen usw. einfließen. Das Streben nach verbesserten Standards erinnert an den PDCA-Zyklus, welcher zuletzt jedoch wieder auf Anfang gesetzt wird. Die 8-D-Methode jedoch ist kein Zyklus und wird im letzten Schritt beendet.

D8: Abschluss

Nach Abschluss aller Aufgaben tauschen die Teammitglieder ihre Erfahrungen aus. Das Projekt wird formal beendet und der 8-D-Report dem Kunden übergeben.

Auf den Punkt

- Fehler zu machen ist grundsätzlich akzeptabel - die gleichen Fehler immer wieder zu machen, ist es nicht.

- Die 8-D-Methode hilft, Fehlerursachen abzustellen und Wiederholungen zu vermeiden.

Leadership

- Der Chef macht die Anwendung der 8-D-Methode zum verbindlichen Standard.

- Der Chef stattet das 8-D-Team mit Befugnissen aus, welche zur autonomen Aufgabenerfüllung nötig sind.

12. Mitarbeiter – anspruchslos und wartungsfrei

Mittelständler haben keine Führungskultur

Nichtführen ist eher das, was im Mittelstand kultiviert wird. Sich selbst überlassene Mitarbeiter müssen sich zwischen Vertrauen oder Misstrauen gegenüber der etablierten Unternehmenskultur entscheiden, während ihre Grundbedürfnisse und Erwartungen an die Führung nicht erfüllt werden.

Die Zwei-Faktoren-Theorie der Arbeitszufriedenheit des amerikanischen Psychologen Frederick Herzberg liefert Verständnis für diejenigen Bedingungen des Arbeitsumfeldes, welche unmittelbar Einfluss auf das Vorhandensein von Motivation und Leistungsbereitschaft eines Arbeitnehmers haben – *oder deren Fehlen erklären!* Diese beiden Einflussgrößen sind:

Hygienefaktoren, im Wesentlichen angemessenes Gehalt, Führungskultur, Betriebsklima, Arbeitsbedingungen, Unterstützungsangebot, Eigenverantwortlichkeit sowie Arbeitsplatzsicherheit.

Das Vorhandensein positiver Hygienefaktoren führt noch nicht zur Motivation, ihr Fehlen aber führt zur Unzufriedenheit!

Motivatoren, im wesentlichen anspruchsvolle Arbeitsinhalte, Erfolg, Anerkennung und Wertschätzung, übertragene Verantwortung sowie Entwicklungsperspektiven.

Das Vorhandensein von Motivatoren führen nur zu Arbeitszufriedenheit und Leistungsbereitschaft, wenn die zuvor genannten Hygienefaktoren erfüllt sind.

Mitarbeiter brauchen Führungskultur in Form von Hilfe zur Selbsthilfe, zur Entwicklung von Stärken und Kompetenzen, mit den Instrumenten Vertrauen, Anerkennung, Wertschätzung und Empathie. Delegieren und Unterstützen usw. sind lediglich flankierende Maßnahmen. Menschen fühlen sich nur dann ihrem Arbeitgeber emotional verbunden, wenn ihre Bedürfnisse, wie sie Herzbergs Theorie beschreibt, nicht ignoriert werden. Aus der *Gallup-Studie Engagement Index 2020* geht hervor, dass nur 17 Prozent aller Mitarbeiter eine starke emotionale Bindung an ihren Arbeitgeber haben und entsprechende Leistungsbereitschaft zeigen. Nur auf diese Gruppe kann sich das Streben nach Wettbewerbsvorteilen oder Marktführerschaft stützen.

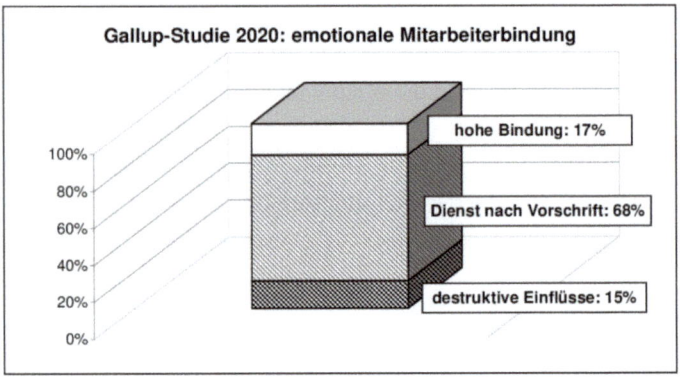

Die zweite Gruppe (68 Prozent) hat nur eine geringe Bindung und erfüllt überwiegend Dienst nach Vorschrift. Die letztere Gruppe mit 15 Prozent hat gar keine Bindung und zeigt mitunter sogar destruktives Verhalten. Neuere Zahlen der Studie weisen auf eine tendenzielle Abnahme der Mitarbeiterbindung und steigende Wechselbereitschaft hin.

Die Korrelation zwischen motivierender Führung und den genannten Studienergebnissen dürfte unstrittig sein und wird durch weitere Zahlen aus der Studie untermauert. Und um einer Fehlinterpretation vorzubeugen: Die Zahlen bedeuten nicht, dass die prozentuale Verteilung, ungeachtet der Qualität der Führungskultur, in allen Unternehmen in etwa gleich ist, sondern stellen einen Durchschnitt über die Unternehmen dar. Unternehmen mit guter Führungskultur können sich hier deutlich abheben. Dennoch wird dieses inhomogene und nachteilige Bild der Leistungsbereitschaft der Mitarbeiter meist nicht hinterfragt, sondern als unveränderlich erduldet.

Der bestens informierte Mitarbeiter

Über die rein operativen Informationen hinaus, welche der Arbeitgeber seinen Mitarbeitern zur Erfüllung ihrer Arbeitsaufgaben zur Verfügung stellen muss, gib es eine andere, eher strategische Art von Informationen, an denen Arbeitnehmer ihrerseits großes Interesse haben: Welche Veränderungen stehen an, die meinen Arbeitsplatz indirekt oder direkt betreffen? Wie entwickeln sich aktuelle betriebliche Themen? Wie ist die wirtschaftliche Situation meines Arbeitgebers, wie sicher ist mein Arbeitsplatz? Letzteres lässt sich leicht mit Zahlen unterlegen: Auftragsbestand, Jahresbudget, aktuelle Budgeterreichung, Plan-Ist-Vergleiche, künftige Planungen, usw., in leicht verständlicher Weise aufbereitet, einleuchtend erklärt. Reine Prosa ohne Zahlen zur Beschreibung der Unternehmenssituation ist dem mündigen Mitarbeiter unwürdig.

Den Arbeitnehmern solche Informationen anzubieten ist – sofern nicht Verpflichtung – doch ein Zeichen der Wertschätzung. Wertschätzung wiederum ist eine Grundlage der Personalführung, wie aus Herzbergs Theorie hervorgeht. Die Betriebsöffentlichkeit über alle Belange der Firma regelmäßig offen zu informieren, stärkt das Vertrauen der Mitarbeiter ins Unternehmen und ist Teil guten Unternehmertums.

Instrumente der Mitarbeiterinformation sind:

- *Betriebsversammlungen, mit oder ohne Mitwirkung eines Betriebsrates*
- *Regelmäßige Informationsveranstaltungen (monatlich oder quartalsmäßig) mit Frage- und Diskussionsmöglichkeit, auch abteilungs- oder bereichsweise*
- *persönliche Gespräche*
- *die jährlichen Beurteilungsgespräche*
- *Aushänge*
- *Rundschreiben*

Aushänge

Für Aushänge werden ein oder mehrere zentrale Orte definiert. Beliebig irgendwo angebrachte Mitteilungen (ähnlich den Katze-Entlaufen-Hilferufen an Straßenlaternen) sind schlechter Stil und dokumentieren die Grundeinstellung gegenüber diesem Thema.

Bei Aushängen besteht außerdem sehr häufig ein Aktualitäsproblem. Mitunter kann man die abgelaufene Gültigkeit von Mitteilungen schon an den erblassten Farben ablesen. Deshalb sind Aushänge immer mit

- *dem Urheber*
- *dem Aushangdatum sowie*
- *dem Ablaufdatum*

zu versehen.

Nicht aktuelle Aushänge werden entfernt, überflüssige abgeschafft.

Jährliche Beurteilungsgespräche

Die jährlichen Beurteilungsgespräche sind gute Gelegenheiten – unabhängig von deren Inhalt und Verlauf – Wertschätzung zum Ausdruck zu bringen, allein, indem der Chef sich darauf vorbereitet. Dazu gehört nicht nur, den Namen des Mitarbeiters und seine Funktion zu kennen. Auch akutelle Projekte, externe und interne Ausbildungs- und Erfahrungsschwerpunkte, wie sie aus der Personalakte hervorgehen, sowie die Themen und Vereinbarungen aus dem vorjährigen Beurteilungsgespräch, sollten gegenwärtig sein. Und die Einschätzung des aktuellen Entwicklungsstatus und des Unterstützungsbedarfs sollte sich nicht nur auf Vermutungen und die Abfrage der Selbsteinschätzung des Mitarbeiters stützen, sondern auch und vor allem auf eigene, sehr fundierte Beobachtungen und Bewertungen. Beurteilungsgespräche hinterlassen oft enttäuschte und deprimierte Mitarbeiter. Deming hält sie deshalb als Führungsinstrumente für ungeeignet (siehe Kapitel 13. *Not Invented Here – brauchen wir nicht!*).

Wer als Chef nicht in der Lage ist, ein Beurteilungsgespräch zu einem motivierenden Erlebnis für den Mitarbeiter zu machen, sollte darauf verzichten. Und wenn der Mitarbeiter mit dem Gefühl aus dem Gespräch geht, einer dem Chef lästigen Pflichtveranstaltung entkommen zu sein, hat jener weder die Bedeutung noch die Bedürfnisse der Ressource *Mensch* verstanden.

Erwartungen an die Mitarbeiter

Natürlich ist es legitim, wenn der Chef Erwartungen an die Einsatzbereitschaft seiner Mitarbeiter hat. Die Mitarbeiter ihrerseits dürfen die Erwartung haben, dass ihr Engagement honoriert wird. Nicht in erster Linie durch Gehaltserhöhungen, sondern erst einmal dadurch, dass dieses Engagement überhaupt bemerkt wird. Und dann durch Feedback und Anerkennung, die oft zitierte Wertschätzung, durch Unterstützung, durch das Übertragen von Verantwortung, die Möglichkeit, beeinflussen zu können, was man verantworten soll, durch das Anbieten von Weiterbildungsmöglichkeiten und Entwicklungsperspektiven. Und so weiter. Am Ende auch monetär, schließlich ist das der tiefere Sinn des Ganzen. Letztlich gilt das Sprichwort: *Ohne Fleiß kein Preis.* Aber wenn sich auch nach langer Zeit kein Preis, keine Perspektive einstellen will, kehrt sich das Sprichwort um: *Ohne Preis kein Fleiß.* Niemand will immer nur Erfahrungen sammeln, sondern irgendwann auch etwas davon haben.

Und was ist daran falsch? Engagement braucht Nährboden. Wirkung braucht Ursache, aber nach Ansicht so mancher Chefs soll diese Kausalität im Arbeitsverhältnis oft nicht gelten, sie scheinen zu erwarten, mehr zurückbekommen zu können, als sie selbst zu geben bereit sind. Loyalität ist jedoch keine Einbahnstraße.

Falsch an all dem ist, dass das Unternehmen zu seiner Entwicklung motivierte Mitarbeiter braucht, die es durch Management by Ignoration nicht haben wird. Hier sei wieder auf die zuvor erwähnte Gallup-Studie verwiesen.

Jeder Mitarbeiter soll die Erwartungen an sich kennen, muss wissen, was seine Aufgaben sind. Eigentlich sollte sich das aus dem Organigramm und den Stellenbeschreibungen klar ergeben. In einem durch die Abwesenheit von Führungskultur gekennzeichneten Betriebsalltag verwischen sich diese Spuren klarer Festlegungen (falls je vorhanden) im Laufe der Zeit, Aufgaben verlagern sich. Dies folgt oft evolutionären Prinzipien und muss nichts Negatives sein, wenn alle Aufgaben einen Erfüller haben. Oft jedoch warten Kollegen gegenseitig auf das Aktivwerden des anderen, und wenn dann Verantwortlichkeiten nachgefragt werden müssen, kann sehr schnell die Suche nach Schuldigen und Adressaten für den Schwarzen Peter beginnen (ein beliebter Sündenbock ist oft der Produktmanager). Der eigentlich Verantwortliche ist jedoch der Chef.

Auch ein kleiner Indianerstamm braucht einen Häuptling

Flache Hierarchien im Unternehmen, das kling zunächst einmal gut. Modern und rationell. Setzt auf Verantwortung und Initiative Einzelner. In vielen kleineren Mittelständlern ist es üblich, flache Hierarchien anzutreffen. Sehr flache. Mitunter ist der einzige Vorgesetzte der Unternehmer selbst. Auch dann noch, wenn das Unternehmen der Garagenzeit entwachsen ist und sich Abteilungen herausgebildet haben. An dieser Stelle lässt sich an die obige Aussage zu den Erwartungen anknüpfen. Den Erwartungen der Mitarbeiter wohlgemerkt.

Die Aufgaben des Chefs sind es, Teambildung zu betreiben, Aufgaben und Ziele zu definieren und die Teammitglieder bei der Zielerreichung zu unterstützen. Ohne Vorgesetzte gäbe es kein Fordern und Fördern, kein Feedback, keine zielgerichtete Informations- und Kommunikationskultur, keine Konfliktlösungen, keine Prozessoptimierungen, keine Wertschätzung, keine Visionen, keine Perspektiven, kein Weiterentwickeln. Wenn all diese Dinge ohne direkte Vorgesetzte zu haben wären, gäbe es nirgends Chefchen, dann reichte immer der Chef.

Die betrogenen Kollegen

Neben einer beliebig langen Reihe anderer Kriterien gibt es die Möglichkeit, Arbeitnehmer in folgende zwei Gruppen einzuteilen:

Jene, welche ihre Arbeit so sauber und gewissenhaft erledigen, wie sie können, und zwar ganz gezielt, ohne dies auf Kosten anderer zu tun. Also ohne jemanden zu *betrügen* (um den treffenderen Begriff aus der Fäkalsprache zu vermeiden).

Die anderen sind jene, die fortwährend darüber nachsinnen, wie sie sich all ihre Kollegen zunutze machen können.

Für den Unternehmenserfolg schädliche Verhaltensweisen entstehen daraus, dass Mitarbeiter sich aus der Teamarbeit zurückziehen. Das tun sie, wenn sie den Vertrauensvorschuss, den sie investiert haben, mit Füßen getreten sehen. Dazu einige Beispiele:

Eine einfache und viel genutzte Gelegenheit, von anderen zu profitieren, ist es, von eigener Schlechtleistung dadurch abzulenken, indem man die Schlechtleistung anderer hervorhebt (neudeutsch: highlightet). Die Niedertracht dieses Verhaltens zeigt sich darin, dass der *Betrogene* sich aus der Situation heraus kaum dieser Garstigkeit erwehren kann, da er ja bei einem Fehler erwischt und festgenagelt wurde. Bleibt ihm also nur, sich bei Gelegenheit zu revanchieren und sich gegen solche Machenschaften besser abzusichern.

Ein weiteres, an Dreistigkeit nicht zu überbietendes Beispiel: Der Vertriebsleiter trug eines Tages in einem Meeting mit der Produktion vor, dass fortan die Kollegen aus der Produktion, also der Disposition, der Fertigungssteuerung, von Fertigung über Qualitätsprüfung bis hin zum Versand, für alle Fehler der Vertriebsmannschaft verantwortlich seien. Es begab sich leider sehr oft, dass Falschlieferungen jeder Art die Kundschaft erreichten, die – nicht immer, aber überwiegend – auf vielfältige Fehler in den Arbeitspapieren – aufgrund fehlender Standards – zurückzuführen waren, welche von den Vertriebsleuten an die Produktion weitergegeben worden waren. Viele dieser Fehler waren als solche leicht zu erkennen und wurden schon immer von der Produktion korrigiert oder zurückgespielt.

Aufgrund immerwährender Spannungen, welche sich dadurch ergaben, dass die Fehler, die die Produktion natürlich selbst auch machte, von den Vertriebsleuten immer gehighlightet wurden, um von der eigenen Inkompetenz abzulenken, sank die Bereitschaft der Produktion, Vertriebsfehler als solche zu erkennen. Anstatt jedoch an der Qualität des eigenen Wirkens zu arbeiten, verlegte sich der Vertrieb, namentlich der Vertriebsleiter, darauf, die Produktion für alle Vertriebsfehler zu verpflichten. Und zwar auch für jene, die lediglich durch Plausibilitätsdefizite auffallen konnten und deshalb nicht unbedingt Fehler sein mussten. Damit hatte der inkompetente Kollege die Verantwortung für die Arbeitsqualität seiner gesamten Abteilung komplett delegiert! Der passende Terminus für den Fall, dass die Produktion Vertriebsfehler nicht fand, war schnell gefunden: *Das hätten Sie eben nochmal überprüfen müssen!* Oder: *Es muss Ihnen doch klar sein, dass das so nicht gemeint sein konnte!* Und so weiter.

Gegen diesen parasitären Arbeitsstil regte sich sehr wohl Widerstand. Indes, da die Produktionsmannschaft keinen direkten Vorgesetzten (Chefchen) hatte – dieser war nach seinem Ausscheiden aus dem Unternehmen nicht ersetzt worden – blieb den so *Betrogenen* nur, sich an den Chef selbst zu wenden. Der interessierte sich nicht für dies ruchlose Vorgehen und delegierte seinerseits die Verantwortung für den Betriebsfrieden ebenfalls an die Produktionsleute: *Klären Sie das selbst!*

Es bleibt nicht unbemerkt, wenn erwiesenermaßen inkompetente Kollegen unbehelligt und unbegrenzt ihr Unwesen treiben können, ohne dass sie von ihrem Vorgesetzten gestoppt werden. Manche Spekulation ob des Grundes, weswegen der Chef nichts unternimmt oder unternehmen kann, um den Kollegen zu stoppen, führt zu Verunsicherung: Woher kommt die Narrenfreiheit? Hat der Chef Leichen im Keller, von denen der inkompetente Kollege weiß? Wie viel Einfluss hat er auf den Chef? Am Ende so viel, um mir ernsthaft zu schaden?

Wie sieht nun Absicherung aus? Nicht angreifbar ist man natürlich, wenn man keine Fehler macht. Ein Aspekt der Absicherung ist es also, mehr Energie darauf zu verwenden, die eigene Arbeit zu kontrollieren. Klingt vordergründig gut, und ist es ein Stück weit wohl auch.

Irgendwann jedoch stellt sich die Erkenntnis ein, dass jede vermiedene Aktivität auch die Vermeidung von Fehlerrisiken mit sich bringt. Man driftet in Richtung

Dienst nach Vorschrift und findet sich damit zufällig im breiten Mittelfeld der Gallup-Studie wieder. Unbestritten eine Folge der Führungskultur.

Ein weiterer Aspekt der Absicherung ist es, alle Vorgänge möglichst akribisch zu dokumentieren, um im Falle einer unbegründeten Attacke nicht in die Verlegenheit zu geraten, keine Gegenargumente zu haben oder keine Beweise vorlegen zu können. Dadurch gehen ebenfalls Engagement und Initiative verloren, und viel Energie und Zeit wird für im Grunde sinnlose Aktivitäten aufgezehrt.

Chefchen oder Chef – es gibt viel zu tun

Abschießend noch einige Beispiele für häufige Fehlentwicklungen, die nach kompetenter Führung verlangen:

- *Effektiver Zusammenarbeit abträgliches Verhalten zeigt sich mitunter darin, dass Kollegen ihr Wissen anderen vorenthalten, weil sie befürchten, dies könnte ihrer Bedeutung für das Unternehmen und letztlich ihrer Arbeitsplatzsicherheit abträglich sein. Eine angstfreie Unternehmenskultur und das Eingehen auf die persönliche Situation des Mitarbeiters ist hier besonders gefragt.*

- *Mit der Zeit steigen die Mengen, andere Produkte und Varianten kommen hinzu. Der Absatz steigt, die Fertigungskapazität nicht. Bei erhöhtem Kapazitätsbedarf wird reflexartig auf die Überstundenbereit-*

schaft der Mitarbeiter zugegriffen und passende Qualifikationen einfach vorausgesetzt. Hier kann schnell eine Schere auseinandergehen, wenn der Kapazitätsbedarf erhöht bleibt oder weiter steigt, und sich die planerische Unwilligkeit beim Management festgesetzt hat. Denn seltsamerweise wird dieses Versäumnis dann oft auf dem Überstundenrücken der Belegschaft fortgesetzt, und zwar mit zunehmender Dauer immer selbstverständlicher. Die sich dadurch einstellende und wachsende Missstimmung führt am Ende zur Demotivation.

- *Demotivation entsteht auch, wenn der Chef zur Aufrechterhaltung unliebsamer Zustände – als einzige Option zur Befriedung – den Mitarbeitern noch unliebsamere Zustände anbietet. Ein Beispiel: Eine Maschine mit erheblicher Lärmentwicklung wird angeschafft und in unmittelbarer Nachbarschaft zu einem lärmsensiblen Bereich aufgestellt. Als Reklamationen kommen, bietet der Chef an, Wechselschichten einzuführen, um der Lärmbelastung auszuweichen. Die Aussicht auf Nacht- und Wochenendarbeit führt dann dazu, dass die Mitarbeiter sich mit der Lärmbelastung abfinden – auch dann, wenn dies der Arbeitsstättenverordnung zuwiderläuft.*

- *Ein weiterer Ausdruck der Geringschätzung ist es, wenn der Chef seine eigenen Pflichten in den Verantwortungsbereich der Mitarbeiter transplantiert. Nochmal obiges Beispiel: Den vom Lärm betroffenen Mitarbeitern wird angeboten, eine Trennwand aus Holz selbst zu erstellen, um den Lärm einzu-*

dämmen, obwohl die Mitarbeiter dazu weder fachlich noch zeitlich in der Lage sind. Erneute Beschwerden werden dann mit dem Hinweis auf den ausstehenden Eigenbau abgeschmettert.

- *Es gibt Zeiten, in denen die Leute ihren Anführer sehen wollen! Wenn z.b. aufgrund der Coronapandemie unangenehme Veränderungen an Arbeitszeitmodellen nötig sind. Oder wenn Engpässe auf dem Beschaffungsmarkt zu Umsatzrückgang führen und Einsparungen nötig werden. Und ganz besonders, wenn ernsthafte Probleme auf das Unternehmen zukommen, welche die Mitarbeiter unmittelbar betreffen können. In solchen Situationen mit Aushängen oder E-Mails zu arbeiten oder Chefchen vorzuschicken, dokumentiert inadäquates Führungsverständnis.*

Auf den Punkt

- Wer Mitarbeiter nicht wie Menschen, sondern wie Betriebsmittel behandelt, darf sich nicht wundern, wenn auch nur das Engagement von Betriebsmitteln zurückgespielt wird - nämlich keines.

- Mitarbeiter erwarten anspruchsvolle Arbeitsinhalte, die Übertragung von Verantwortung, Unterstützung, Erfolge, Anerkennung und Wertschätzung sowie Entwicklungsperspektiven.

Leadership

- Der Chef verfügt über Empathie und steht für eine durch Fordern und Fördern gekennzeichnete Führungskultur.

13. Not Invented Here – brauchen wir nicht!

Der amerikanische Physiker Dr. William Edwards Deming gilt als Vater des modernen Produktivitäts- und Qualitätsmanagements. In vielen Unternehmen in den USA und weltweit gehören seine Strategien zum Basiswissen des Managements. Viele neuere und innovative Managementansätze in diesem Bereich lassen sich auf Demings Konzepte zurückführen. Seine Bücher findet man auf den Schreibtischen der Chefs, auch in russischer oder chinesischer Übersetzung.

Nicht so im deutschsprachigen Raum. Deming ist hier gänzlich unbekannt. Keines seiner Bücher wurde ins Deutsche übersetzt. Kein Interesse! Vielleicht deshalb kein Interesse, weil die Bücher für das Management unbequeme Realitäten deutlich benennen, z.B., dass der Fisch vom Kopf stinkt.

Zwei Schlüsselereignisse in Demings Schaffen sollen die Relevanz seiner Strategien für das weltweite industrielle Qualitätsgeschehen verdeutlichen:

Im Juni 1950 bot Ishikawa Kaoru (der Präsident der *Japanese Union of Scientists and Engineers* und Erfinder des Ishikawa-Diagramms) Deming die Möglichkeit, vor Top-Managern der japanischen Wirtschaft, u.a. von Toyota und Totsuko (heute Sony), seine Management-grundsätze vorzustellen und insbesondere die unmittelbare Verantwortung des Managements für

Qualität und Effizienz in den Fokus zu bringen. Der wirtschaftliche Aufschwung Japans in den folgenden Jahrzehnten, welcher sich u.a. auf die kompromisslose Qualität und effiziente Produktion japanischer Produkte begründete, wird überwiegend Demings Lehre und eben diesem Vortrag zugeschrieben. Die japanischen Manager hatten offenbar nicht das Not-Invented-Here-Syndrom.

In Demings Heimat, den USA, blieben seine Konzepte überwiegend unbeachtet, wie heute noch in Deutschland. Dortige Versuche, das japanische Wirtschaftswunder zu kopieren, blieben erfolglos. Man wollte nur kopieren, bemühte sich aber nicht, zu verstehen. Im Juni 1980, in einer viel beachteten Fernsehsendung der NBC mit dem Titel *If Japan Can – Why Can´t We?*, konnte Deming seine Managementkonzepte, und die damit im fernen Japan seit drei Jahrzehnten im Zusammenhang stehenden Erfolge, einem breiten amerikanischen Publikum zugänglich machen. Das über Nacht endlich geweckte Interesse führte in den USA in den Achtzigerjahren, zusammen mit der später als *Reaganomics* bezeichneten Wirtschaftspolitik von Präsident Reagan, zu einem ansehnlichen wirtschaftlichen Aufschwung.

Deming fasste seine Erkenntnisse in 14 Regeln für eine ausschließlich qualitätsorientierte Unternehmensführung zusammen, die hier in freier Interpretation wieder-gegeben sind:

Regel 1. Die kontinuierliche Verbesserung von Produkten und Dienstleistungen durch permanente Verbesserung der zugrunde liegenden Prozesse wird zum unveränderlichen Unternehmensziel erhoben.

Dies ist eine Langzeitstrategie, welche über die Zufriedenheit von Kunden, Mitarbeitern und Lieferanten die Wettbewerbsfähigkeit sichert. Sie wird schriftlich festgehalten und allen Mitarbeitern vermittelt. Ein Link zur ISO 9001 drängt sich auf.

Regel 2. Eine neue Unternehmensstrategie muss entstehen, welche diesem neuen Unternehmensziel dient.

Die Akzeptanz kärglicher Qualitäts- und Effizienzniveaus mit hoher Ressourcenverschwendung wird ersetzt durch eine optimierungsorientierte Zusammenarbeit von Management, Mitarbeitern, Lieferanten und Kunden. Sie wird ebenfalls schriftlich fixiert, alle Mitarbeitern darin geschult und verbindlich angewandt. Das Management hat Vorbildfunktion, wodurch alle Mitarbeiter einen beständigen Willen zur ständigen Verbesserung entwickeln.

Regel 3. Die Abhängigkeit von Qualitätskontrollen muss beendet werden.

Lückenlose Qualitätskontrollen dienen dazu, systematische oder zufällige Fehler des Prozesses zu entdecken, und sollen von der Notwendigkeit entbinden, den Prozess zu verbessern. Die kontinuierliche Verbesserung der Prozesse beendet die Abhängigkeit von teuren Vollkontrollen. Die Anwendung von Stichproben ist keine Abhängigkeit.

Regel 4. Die übliche Vorgehensweise, die Auswahl eines Lieferanten auf Basis des günstigsten Angebotes zu treffen, muss beendet werden.

In aller Regel bringt das am billigsten eingekaufte Teil die meisten Probleme in die Prozesse, bzw. zum Kunden. Der Preis sollte nur ein Kriterium von mehreren sein. Für die erforderliche Qualität müssen messbare Qualitätsmerkmale, insbesondere jene, welche für die Varianz (Streuung) relevant sind, identifiziert und zusammen mit den Gesamtkosten in den Vordergrund gestellt werden. Eine vertrauensvolle und dauerhafte Zusammenarbeit mit einem einzelnen qualifizierten Anbieter, auch bei Entwicklung und Konstruktion des Teiles, ist anzustreben (Systemlieferant, Single Sourcing).

Regel 5. Wiederholte, unermüdliche Verbesserung aller Prozesse mit dem Ziel der Qualitätssteigerung und Kostensenkung.

Es gibt keine Vollkommenheit. Das optimale Ergebnis der heutigen Verbesserungsmaßnahme muss morgen schon wieder hinterfragt werden. Dies schließt auch Produktinnovationen ein. Dazu soll das Deming-Rad (auch Shewhart-Zyklus oder Demmingkreis, wie bereits in Kapitel 5. *Optimierung – nichts zu verschenken* vorgestellt) in Erinnerung gebracht werden:

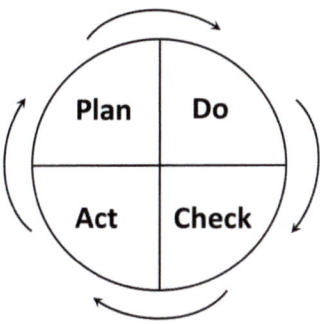

Zentrales Element ist immer wieder die Bereitschaft, das gestern Gültige heute infrage zu stellen, Verbesserungen zu planen und umzusetzen, das Erreichte zu überprüfen und unternehmensweite Standards abzuleiten, und morgen den Zyklus aufs Neue zu durchlaufen. Nicht ohne Anfang, aber ohne Ende. Immer wieder. Die Frage muss also lauten: Was kann man ab heute besser machen als bisher? Dabei ist es unerheblich, ob dieser Prozess oder Standard gestern erst verbessert wurde.

Regel 6. Anlernen und Wiederholtraining erfolgt am Arbeitsplatz.

Jeder Mitarbeiter braucht – neben der Kenntnis seiner täglichen Arbeit – Einblick in die Wechselbeziehungen, in denen seine Arbeit steht, sowie in die Prozesse in seinem und angrenzender Arbeitsbereiche. Außerdem soll allen Mitarbeitern Sensibilität für qualitätsbestimmende Variablen sowie Kenntnisse über qualitätssichernde Instrumente vermittelt werden. Dies geschieht durch Ausbildungs- und regelmäßige Wiederholungsprogramme direkt am Arbeitsplatz.

Regel 7. Führung bedeutet, den Menschen zu helfen, ihre Arbeitsergebnisse stetig zu verbessern.

Es gibt keine Qualität ohne engagiertes Vorangehen der Führung! Delegieren ist nicht möglich. Eine Selbstverpflichtung genügt nicht. Bloßes Unterstützen genügt nicht. Nur die oberste Leitung hat die Möglichkeit, Optimierungsprojekte voranzutreiben und Veränderungen an Prozessen anzustoßen. Nach Deming werden 94% der auftretenden Fehler von mangelhaften Prozessen oder dem System provoziert.

Regel 8. Das Klima am Arbeitsplatz muss von Vertrauen geprägt und frei von Furcht sein.

Vielfältige Ängste blockieren Kreativität und Produktivität der Mitarbeiter: Furcht, die Anforderungen nicht zu erfüllen, für Fehler verantwortlich gemacht zu werden oder den Arbeitsplatz zu verlieren, sind nur einige davon. Gegenmaßnahmen können z.B. die Delegation von Verantwortung sein, sowie umfassende Information und Transparenz. Die wirkungsvollsten Instrumente des Managements dafür sind dessen Kompetenz und Integrität.

Regel 9. Die organisatorischen Schranken zwischen den Abteilungen müssen beseitigt werden.

Die Funktionsorientierung von Konstruktion, Einkauf, Disposition, Arbeitsvorbereitung, Fertigung, Montage, Qualitätsprüfung usw. mit ihrer abgrenzenden Wirkung (Abteilung kommt von *abgeteilt!*) muss zu Gunsten einer durchgängigen Prozessorientierung aufgegeben werden. Mitarbeiter aller Bereiche müssen als Teams *grenzenlos* zusammenarbeiten.

Regel 10. Parolen, Appelle und willkürliche Zielsetzungen müssen unterbleiben.

Verhaltens- und Leistungsaufforderungen wie »*Qualität beginnt bei dir!*« können in einem System, das zu 94% von festgelegten Prozessen bestimmt wird, von Mitarbeitern nicht erfüllt werden. Sie werden als Vorwurf oder Affront aufgefasst und lösen Enttäuschung und Verärgerung aus.

Regel 11. Leistungsvorgaben müssen unterbleiben.

Leistungsvorgaben für die Mitarbeiter (z.B. Quoten oder Stückzahlen) beinhalten keinerlei Anreize zu besserer Qualität. Schließlich wird auch die Herstellung von Ausschuss bezahlt. Leistungsvorgaben müssen sich auf die Reduzierung von Nicht-Qualität und die Beseitigung von Verschwendung beziehen.

Auch Leistungsziele für das Management (z.B. Kostensenkung um 10%) sind in einem System, das zu 94% von festgelegten Prozessen bestimmt und obendrein von natürlicher Variation (Streuung) beeinflusst wird, ohne Veränderung der Prozesse nicht zu erreichen. Die Zielvorgaben müssen also eine Verbesserung der Prozesse mit dem Ziel der Verringerung der Variation fordern.

Regel 12a. Mitarbeiter müssen stolz auf ihre Arbeit sein können.

Stolz auf die Arbeit bedeutet Stolz auf die fertige Arbeit, das Ergebnis, den Nutzen für den Kunden. In einer tayloristisch geprägten Arbeitswelt ist das Arbeitsergebnis jedoch oft nicht sehr greifbar. Und mangelhafte Prozesse führen nicht zu zufrieden machenden Arbeitsergebnissen. Arbeit braucht anspruchsvolle Inhalte und gute Prozesse, um Erfolge erlebbar zu machen. Es muss einen Unterschied geben zwischen mechanischem Brot-Job oder Leib-und-Seele-Job.

Regel 12b. Mitarbeiterbeurteilungen müssen unterbleiben.

Die jährlichen Beurteilungsgespräche hinterlassen oft frustrierte und entmutigte Mitarbeiter. Negative Beurteilungen, vor allem jene, welche für den Mitarbeiter schwer nachvollziehbar sind, haben oft eine langfristig demotivierende Wirkung, wohingegen die Reichweite von Belohnungen auf einen kurzen Zeitraum begrenzt bleibt. Anstatt von Beurteilungen befürwortet Deming, die Mitarbeiterzufriedenheit durch Programme zu fördern und regelmäßig zu messen.

Regel 13. Betreibe ein Programm zur Förderung und Schulung aller Mitarbeiter.

Allen Mitarbeitern müssen dieselben Chancen zu Weiterbildung geboten werden. Dabei darf es keinen Unterschied geben zwischen Management und übriger Mitarbeiterschaft. Nur dann kann jeder Einzelne den gleichen Beitrag zu Optimierungen leisten. Schwerpunkt der Weiterbildungsmaßnahmen muss immer sein, prozessbedingte Einflüsse auf das Ergebnis (94%) von personell beeinflussbaren Eigenschaften unterscheiden zu lernen. Die Theorie der Variation (Streuung) muss verstanden werden.

Regel 14a. Das Management verpflichtet sich persönlich zur Realisierung aller Maßnahmen und setzt dazu alle Mitarbeiter ein.

Auf das Delegieren, z.B. an einen Qualitätsbeauftragten, wird ausdrücklich verzichtet, da dadurch keine Veränderungen möglich sind. Das Management erarbeitet sich umfangreiches Wissen auf den Gebieten
- Systeme: Wechselwirkung seiner Komponenten
- Das Wesen der Variation/Streuung
- Strategie des Denkens/Theorie des Wissens
- Psychologie des Verhaltens in Organisationen
 und nimmt seine Vorbildfunktion wahr.

Regel 14b. Das Management handelt erst, wenn die Theorie verstanden wurde.

Das direkte Übernehmen von Methoden zur Gestaltung oder Verbesserung von Prozessen, z.B. von sogenannten Vorzeigefirmen, führt zum Misserfolg, wenn die zugrundeliegende Theorie nicht nachvollzogen wurde. Ein solches Verhalten dokumentiert die mangelnde Bereitschaft des Managements, sich mit *kontinuierlicher Optimierung als Unternehmensstrategie* ernsthaft auseinanderzusetzen. Qualität entsteht allein durch umfassendes Wissen.

Auf den Punkt: Deming-Zitate (Quelle: www.deming.ch)

- »Es gibt keinen Ersatz für Wissen.«
- »Beschäftige dich mit den Ursachen, nicht mit dem Resultat.«
- »Qualitätsverbesserungen führen zwangsläufig zu einer Verbesserung der Produktivität.«
- »Das Verständnis der Streuung ist der Schlüssel zur Qualitätsverbesserung und damit zum geschäftlichen Erfolg.«

Leadership

- »Es ist die Verpflichtung des Chefs, unermüdlich an seinen Führungsmethoden zu arbeiten.«
- »Es ist die Aufgabe des Managements, das System zu optimieren.«
- »Firmen werden nicht wegen schlechter handwerklicher Leistungen, sondern wegen schlechten Managements geschlossen.«

Literaturhinweise zu W. E. Deming:

W. E. Deming, Out of the Crisis, MIT Press 2018,
ISBN 978-0262535946

W. E. Deming, The new Economics, MIT Press 2018,
ISBN 978-0262535939

*W. E. Deming, Leadership Prinziple*s,
Mcgraw-Hill Professional 2012, ISBN 978-0071790222